中国农地利用的专业化特征及其驱动机制

赵宇鸾 ◎著

气象出版社
China Meteorological Press

内容简介

本书从宏观、微观两个层面，研究了中国城镇化加速时期劳动力务农机会成本上升对农业专业化的影响机制。全书主要内容包括：我国种植业地理集聚状况、作物的地区专业化分工及其影响因素、种植业结构演变及相关因素分析、农业主产地形成机制的案例分析、农户生产专业化演变过程与机理。

本书可供地理学、土地资源学、区域发展等领域的学生和研究人员参考，也可供国土资源开发与规划、农林经济发展等领域的政府管理部门人员参考。

图书在版编目(CIP)数据

中国农地利用的专业化特征及其驱动机制 / 赵宇鸾著. —北京：气象出版社，2017.12

ISBN 978-7-5029-6719-2

Ⅰ.①中… Ⅱ.①赵… Ⅲ.①农业用地-土地制度-研究-中国 Ⅳ.①F321.1

中国版本图书馆 CIP 数据核字(2018)第 000056 号

Zhongguo Nongdi Liyong de Zhuanyehua Tezheng Jiqi Qudong Jizhi

中国农地利用的专业化特征及其驱动机制

赵宇鸾 著

出版发行：气象出版社

地　　址：北京市海淀区中关村南大街 46 号　　**邮政编码**：100081

电　　话：010-68407112(总编室)　010-68408042(发行部)

网　　址：http://www.qxcbs.com　　**E-mail**：qxcbs@cma.gov.cn

责任编辑：蔺学东　　**终　　审**：张　斌

责任校对：王丽梅　　**责任技编**：赵相宁

封面设计：楠竹

印　　刷：北京中石油彩色印刷有限责任公司

开　　本：787 mm×1092 mm　1/16　　**印　　张**：6.75

字　　数：220 千字　　**彩　　插**：4

版　　次：2017 年 12 月第 1 版　　**印　　次**：2017 年 12 月第 1 次印刷

定　　价：45.00 元

前　言

20 世纪 80 年代中期以来，中国处在城镇化加速中期阶段，大量乡村劳动力从农业析出，农村劳动力由富余转为稀缺，劳动力务农机会成本明显上升，这对我国农业专业化产生了重要影响。研究劳动力务农机会成本上升对农业专业化的影响机制，可以深化对农地利用演变规律的认识，同时为土地资源合理利用、农业发展乃至乡村振兴等方面的政策制定提供理论参考。

本书介绍了城镇化背景下劳动力务农机会成本上升对农业专业化的影响机制等内容。通过研究发现：我国种植业地理集聚特征明显，县级尺度上集聚趋势明显强于省级尺度；全国作物生产专业带形成，反映区域水、热等自然条件状况的单产比较优势指数是种植业地区专业化分工的重要影响因素，经济效益是区域种植业地区专业化分工的关键因素；农业地区专业化分工对我国土地利用/土地覆被影响显著，平原县、山区县种植结构分别向单一化、多样化演进，交通便利性、非农就业率、机械化水平影响了区域种植业专业化发展；农业主产地的形成是我国农区土地覆被变化的一个重要形式；我国农牧交错区、山区与平原区相比，其农户生计非农化水平、农产品商品化率低，未来农户生产专业化及农业地区分工将进一步发展。

本书作者现为贵州师范大学地理与环境科学学院副教授、国家喀斯特石漠化防治工程技术研究中心研究人员，本书是作者在中国科学院地理科学与资源研究所李秀彬研究员指导下撰写的博士论文基础上修改而成，感谢师兄田玉军、郝海广博士提供的部分农户调研数据，感谢师妹张英、师弟史铁丑博士帮助开展野外调研。本书出版得到了“贵州省国内一流学科建设项目‘贵州师范大学地理学’(黔教科研发〔2017〕85 号)”“贵州省本科高校一流专业‘贵州师范大学地理科学’建设项目”的资助，也得益于气象出版社的支持。感谢在作者求学、工作期间给予无私帮助的老师、同学、朋友和家人，也恳请本书读者给予批评指正。

作者

2017 年 11 月于贵阳

目　　录

第1章 引 言

1.1 研究背景与研究意义

1.1.1 研究背景

土地作为人类赖以生存和发展最基本的生产、生活资料，其利用方式和功能得到不断拓展(巴洛维，1989；林英彦，1999；李秀彬，2002)。但农地作为重要的土地利用方式之一，为人类提供了食物来源和其他原材料，是土地利用研究的焦点。我国是一个传统的农业大国，人多地少，用占世界9%的耕地养活了占世界23%的人口。一直以来，围绕保障13亿人口的粮食需求，提高耕地资源利用水平，促进农业产业发展，政府和学术界对农地利用问题给予了持续的关注。

国民经济的快速增长与转型，引起区域农地利用的重大变化(安德烈埃，1991)。许多发达国家的农地利用历史表明，在经济社会发展进入工业化、城镇化后，往往伴随着农地利用的专业化过程，例如，美国玉米带生产的玉米占美国全国玉米产量的45%，水稻、马铃薯、棉花生产都有专门的产区；法国巴黎盆地小麦产量占法国全国小麦产量的三分之一，其南部主要种植葡萄等(中国农业科学院科技情报研究所，1979；郑凤田等，2006)，区域农业专业化特征明显。

农业生产是一个自然再生产和经济再生产的有机结合过程。自然环境条件差异奠定了农业地域分工的基本格局，但价格—成本关系和技术水平的差异，是农业生产方式在时间上发生变化的动力。在区域经济增长与转型过程中，非农就业率与家庭务农机会成本的增长和农业劳动力工资水平上升，是导致农业结构趋于专业化的最重要原因(安德烈埃，1991；Pingali，1995；Shen，2010)。因为当农业劳动力由剩余变为稀缺时，农户行为包括农业生产变得更易受市场导向的作用，农业劳动力被视为稀缺要素，农户放弃自给自足式的传统 Z 商品①生产，农业部门逐渐市场化、商业化（费景汉等，2004）。

20 世纪 80 年代中期以来，我国城镇化、工业化进入加速中期阶段，这一转型阶段的突出特征是农村劳动力的外出务工，大量农村劳动力进入城镇，在建筑、低端服务业、厂矿等非农行业实现就业（周一星，2006；陈明星等，2009）。据统计，1990 年以来全国农村劳动力非农从业比率持续攀升（图 1-1）。从增幅来看，由 1990 年的 20.65％增长到 2008 年的 45.48％，增长了 1.2 倍；从增速来看，1993 年前后和 2003 年前后两个时点速率最大，1993 年时点为邓小平南方谈话后经济快速发展对劳动力需求增加，2003 年时点为城市非正式行业工资快速上涨吸引农村劳动力迅速转移。总的来说，近 20 年来我国农村劳动力非农从业特征明显。

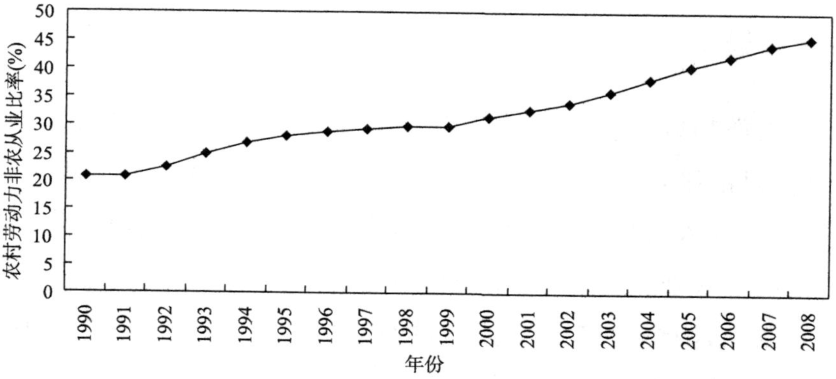

图 1-1　1990—2008 年全国农村劳动力非农从业比率变化
（数据来源于《新中国农业 60 年统计资料》）

同时，近年来劳动力经济学界的研究也表明，我国经过 30 多年的快速工业化，经济增长对劳动力的需求持续增加，加上人口转变进入新阶段后劳动年龄人口增长速度递减等因素，我国农村原本存在的大量农业剩余劳动力显著减少（蔡昉，2010 a）。以 2004 年开始出现全国性的劳动力短缺（“民工荒”）为标志（刘根荣，2006），表明中国迎来了“刘易斯拐点”，即劳动力需求增长速度超过供给增长速度的转折点。蔡昉等人的研究发现，粮食生产中雇工日工资、农民工、制造业和建筑业工人月工资在 2004 年以后的提高速度明显加快。中国科学院农村政策研

① 新古典经济学认为 Z 商品是家庭为了满足自身消费需要而必须付出的劳动，在家庭内生产并直接用于家庭消费的商品和服务。

究中心等单位的农户调查数据也表明(Zhang et al,2010),我国“刘易斯拐点”出现于2003年。

“刘易斯拐点”的出现,意味着我国经济各部门特别是农业等低端劳动力密集部门,将面临劳动力成本的较快上升(李秀彬,2009)。从长期看,有两个因素将继续驱动劳动力成本的增长。一是人口结构的变化,即由从劳动年龄人口占优势的人口结构,转变为老年型的人口结构。预计中国15～64岁劳动年龄人口将于2015年前后停止增长,其后将快速下滑(蔡昉,2010b)。其关键驱动要素是生育率的下降。中国自1990年开始,总和生育率下跌到更替水平以下。第六次人口普查的数据表明,目前的总和生育率只有1.4～1.5。二是人口城市化率的增长。自20世纪80年代中期我国城镇化进入加速中期阶段,到目前为止,人口城市化率接近50%,加速中期阶段(人口城市化率自25%左右到75%左右)只走了一半,尚有很大的空间(李秀彬等,2011)。

农业劳动力成本上升对农地利用的影响表现在:一方面从土地和资本要素投入产出分析看,收益下降,农地出现边际化现象(刘成武等,2006);另一方面,从劳动力要素投入产出看,农户为提高劳动报酬和收入水平,其决策目标转向劳动生产率最大化,农户倾向选择劳动生产率较大的作物类型(辛良杰等,2009;田玉军等,2009),因此,在微观尺度上表现为农户作物种植结构单一化,而宏观尺度上则表现为区域种植业专业化,农地利用的专业化特征明显。

学术界多从区域尺度或者某一作物类型视角,开展了诸如华北平原蔬菜(卢凌霄,2008;李岳云,2007)、东北三省商品粮(程叶青等,2005)、甘肃马铃薯(贾文雄,2008)、粮食(罗万纯等,2005)、棉花(钟甫宁等,2008)等生产格局的研究,但对全国种植业专业化变化的系统研究不多,特别是对劳动力务农机会成本上升带来的种植业专业化效应没有引起足够的关注。由于我国各区域经济发展水平不同,自然地理环境差异显著,种植业地区专业化的演变过程也不完全一致。而农户受家庭劳动力、土地、资本等资源禀赋差异的影响,农户农业生产专业化水平也不相同。

因此,有必要将农村劳动力非农就业与农业专业化联系起来开展研究,以揭示劳动力务农机会成本上升背景下农业土地利用变化的规律,同时也为认识土地利用变化的方向提供一个视角。那么,在快速工业化、城镇化过程中,我国农业专业化经历了怎样的演化过程?不同作物、区域与农户有何差异?哪些因素在影响着农业专业化演变过程？本书将以遥感影像解译、农户调查及政府统计等来源的数据为基础，力图较为深入地分析和回答上述问题，期待有助于我们把握农业专业化的发展趋势，为合理利用农地资源，促进农业发展及增加农民收入提供参考。

1.1.2 研究意义

在我国经济社会发展转型期，农村劳动力就业快速非农化的形势下，探究其对农业专业化的影响过程及驱动机制，具有以下积极意义。

(1)为“三农”问题的解决提供理论参考。比较优势的发挥和专业化的加强，将增强区域的经济竞争力(蔡昉等，2002)。“农业、农村、农民”问题的核心是农业发展问题，认清现阶段农地利用过程中出现的专业化经营倾向，因地制宜地调整农业结构，建立专业化农业基地，以最低成本的要素组合生产农产品，有利于提高区域农产品市场竞争力和商品化程度，促进农业发展。同时，在农业剩余劳动力减少的新形势下，农地专业化经营有利于提高农业劳动生产率，促进农业劳动工资和农民收入水平增加。

(2)揭示农业土地利用变化的规律。地区分工为认识土地利用变化的方向提供了一个视角。土地利用变化有两种途径，即用途转移和集约度变化(李秀彬，2002)。从土地、资本要素报酬来看，农地因收益下降甚至收不抵支时将产生边际化现象(刘成武，2006)，而从劳动力要素报酬来看，在农业劳动力务农机会成本上升情形下，农户追求的是劳动生产率最大化，倾向选择劳动力生产率较大的作物类型，农地趋向于专业化经营。这在区域土地利用结构和土地利用集约度上，都会表现出来。

(3)有利于把握未来农地利用变化的方向，因地制宜地发展农业生产，促进区域土地、劳动力、资本等资源合理、可持续利用。

1.2 相关概念

1.2.1 农地、农业

《中华人民共和国土地管理法》第一章第四条将农用地定义为：直接用于农业

生产的土地,包括耕地、林地、草地、农田水利用地、养殖水面等。国土资源部《全国土地分类》(2002 年试行)中农用地包括:耕地、园地、林地、牧草地和畜禽饲养地、养殖水面等其他农用地。以上定义是广义的农地概念,包括了农林牧副渔等大农业用地。

2007 年 8 月 10 日颁布实施的《土地利用现状分类》(GB/T 21010—2007)将耕地定义为:种植农作物的土地,包括熟地、新开发、复垦、整理地,休闲地(轮歇地、轮作地);以种植农作物(含蔬菜)为主,间有零星果树、桑树或其他树木的土地;平均每年能保证收获一季的已垦滩地和海涂。耕地中还包括南方宽度<1.0 米、北方宽度<2.0 米固定的沟、渠、路和地坎(埂),临时种植药材、草皮、花卉、苗木等的耕地,以及其他临时改变用途的耕地,其包括水田、水浇地和旱地三个二级类。水田指用于种植水稻、莲藕等水生农作物的耕地,包括实行水生、旱生农作物轮种的耕地。水浇地指有水源保证和灌溉设施,在一般年景能正常灌溉,种植旱生农作物的耕地。包括种植蔬菜等的非工厂化的大棚用地。旱地指无灌溉设施,主要靠天然降水种植旱生农作物的耕地,包括没有灌溉设施,仅靠引洪淤灌的耕地。该定义为狭义的农地概念。由于我国实行严格的用途管制制度,农户通常难以变更林地、牧草地的用途,因此,本书采用狭义的农地概念,特指耕地,即种植业用地。农业指狭义的种植业。

1.2.2 农业专业化

农业专业化有三种类型:地区专业化(地区分工)、农户专业化和工艺专业化(中国农科院区划研究所,1995)。本书主要探讨地区专业化与农户专业化。

从农业专业化形成的主导因素和发展轨迹看,在集体经济时期,农业专业化多为计划性或者行政指令安排,区域农业结构高度单一化,该阶段称为计划导向型专业化。在计划经济向市场经济过渡时期,土地家庭承包责任制政策的实施赋予了农户农地自主经营权,因农村剩余劳动力兼业机会较少,为做到劳动力平衡,农户倾向于多样化种植,区域农业结构呈现多样化,称为计划—市场过渡型多样化。而在我国经济社会快速发展,工业化、城镇化进程加速时期,劳动力非农就业机会较多,农村劳动力由剩余转为稀缺,劳动力务农机会成本上升。作为农业结构调整主体的农户市场意识也进一步增强,劳动力要素成本上升的经济信号影响农户农地利用决策过程,农户倾向选择劳动生产率高的作物,农业结构趋于专业化，称为市场导向型专业化。本书中农业专业化指市场导向型专业化。

1.2.3 农户

农户是指户口在农村的常住户。1978 年农村土地家庭联产承包责任制改革以来，我国农户自主性逐渐增强，已成为相对独立的商品生产者，能够对市场经济信号做出正常的反映，因此，农户是我国农村微观经济组织形式的基础和主体（尤小文，1999；张林秀等，2000）。作为发展中国家最主要的经济组织（张林秀，1996），其资源配置行为是理性和有效率的（舒尔茨，2007），农户能在力所能及的范围内充分利用自己的资源来获得收入或效用最大化（陈风波，2005）。具体指生活于农村的，主要依靠家庭劳动力从事农业生产的，并且家庭拥有剩余控制权的、经济生活和家庭关系紧密结合的多功能的社会经济组织单位，其在坚持土地等重要生产资料集体所有的前提下，以农户家庭承包经济和自营经济为主要内容，在不确定的市场竞争中谋求家庭效益最大化一系列活动的总称（卜范达等，2003）。农户作为土地资源配置的最小生产单元，也是从事农业生产与农地利用的基本决策单位，其生产、消费等决策行为受市场信号和政策信号的影响，这些行为又直接或间接对水、土等环境要素产生影响或干扰（Rounsevell et al，2003；石敏俊等，2005；杨顺顺等，2009）。因此，微观农户是土地利用变化研究的最基本尺度。本书中农户指家庭成员户籍在农村，拥有村集体分配的耕地，从事经营活动的家庭。

农户类型划分方法很多，本书考察的是农业劳动力兼业对农地专业化经营的影响。因此，本书采用《中国第二次农业普查资料汇编(2010)》中按家庭经营的兼业情况方法，将农户分为纯农户、农业兼业户、非农业兼业户、非农业生产经营户和非经营户。纯农户指家庭经营行业主要为农业的住户。农业兼业户（又称为一兼兼业户）指家庭经营行业既有农业、又有非农业，但以农业经营收入为主的农户。非农业兼业户（又称为二兼兼业户）指家庭经营行业既有农业、又有非农业，但以非农业经营收入为主的住户。非农业生产经营户（非农户）指家庭经营行业主要为非农行业的住户。非经营户指没有家庭经营的住户。在非经营户中，没有工资收入和经营收入的户是非生产户。本书主要研究前四种农户类型的土地利用（农户专业化）。

1.3 国内外研究进展

土地利用/土地覆被变化(Land Use/Land Cover Change,LUCC)研究源于全球环境变化研究。20世纪90年代以来,国际两大研究计划"国际地圈生物圈计划"(IGBP)和"国际全球环境变化人文计划"(IHDP)推动了全球LUCC的研究工作,其主要关注的是人类土地利用活动对土地覆被造成的影响结果,以及变化过程的驱动机制,研究方法上注重运用多尺度、多因素综合分析,实现土地可持续利用的目标(李秀彬,1996;陈百明,1997;史培军等,2000;蔡运龙,2001)。

LUCC是不同时空尺度下自然和社会系统相互作用导致的一个复杂过程(Lambin et al,2001a;Rindfuss et al,2004)。各国科学家对LUCC的研究从早期的热带雨林砍伐的生态环境效应(Fearnside,1996;Nepstad et al,1999;Coomes et al,2000)拓展到全球、区域、地方等多时空尺度范围的LUCC研究,主要包括LUCC的空间格局、过程、驱动机制以及资源、生态、环境效应等方面,取得了许多研究成果(Lambin et al,2001b;Veldkamp et al,2001;Foley et al,2005)。进入21世纪以来,作为IGBP八大核心研究计划和IHDP五大核心计划之一的LUCC研究,发展到了"Global Land Project(GLP)"阶段,这一阶段的LUCC研究更加注重土地变化科学(land change science)的综合研究。其关注点是重视从系统的观点看待研究对象即人地耦合系统,既研究人类活动引起的土地利用/土地覆被变化导致的生态环境效应,同时关注人类对LUCC及其效应的响应机制,即如何在土地利用决策中降低生态环境风险性,实现土地利用系统的可持续发展(Rindfuss et al,2004;Turner et al,2007)。

区域土地利用系统是一个自然子系统、人文子系统构成的巨系统,因此,土地利用变化受自然、社会、经济、政策等诸多因素的影响。这些驱动因素可分为直接因素和间接因素两类。直接因素包括对土地第一性产品需求、对土地的投入、土地权属、土地利用政策等;间接因素包括人口变化、经济增长、政策、技术进步和价值取向等;间接因素通过直接因素起作用(刘纪远等,2002;李秀彬,1999)。从较长时间尺度看,自然环境变化、人类活动都是土地利用变化的驱动因素,但在较短时间尺度内,人类活动、经济因素往往是土地利用变化的关键驱动因素(Turner et al,1994；王静爱等,2002；李秀彬,2002)。

农地利用变化研究是土地变化科学的重要内容。土地利用变化包括类型变化(用途转移)和集约度变化两种类型(李秀彬,2008)。过去研究农地利用变化,一是按类型面积变化的思路,通过制图分析两个时点间的地类变化;二是按照农户调查的思路,采用农户调查方式及数据,从农户角度分析作物选择和集约度变化的原因,以揭示土地利用变化的驱动力。但是这两种研究思路都存在问题:前者能了解农地利用类型时空变化的过程及其规律,但驱动力普遍归结于上述因素,难以解释农地变化的机制;后者通过农业生产过程的投入产出分析能揭示农地变化的机制,但是点上的个例分析又难以与更大尺度的空间格局的演变很好地结合起来。而现代产业和经济景观通常都表现出地理集聚的空间特征。虽然与其他产业相比,农业更多地依赖不可移动的土地资源及地形、水热等自然条件,维生性程度高、商品化率低的传统农业空间分散特征明显(李秀彬,2010),但是对于商品经济属性越来越强的中国农业,是否存在地理上逐渐集聚的趋势?农业的这个空间变化过程又在土地利用上有什么表现?

现代农业的空间集聚特征已引起学者的关注。从理论分析看,农业从传统农业向现代农业转变过程中,在空间分布上表现出从分散到集聚的特点(李秀彬,2010),农业按照区域化布局的要求,发挥适宜区农业生产比较优势,在地域和空间上形成高度集聚的集合(Desmond,1986;尹成杰,2006;肖苏超,2008)。从苏北地区林业产业(汪浩,2010)、山东蔬菜产业(卢凌霄,2008)地理集聚的案例研究看,地理集聚的根源还在于地区间的专业化分工。

农业专业化是现代农业经营的重要特征(Matson et al,1997)。农业地区专业化理论应追溯到区位理论,杜能的名著《孤立国与农业国和国民经济的关系》创造了农业经营的经典模式杜能圈,每一个圈层都有适合种植的作物,这应该是近代农业专业化经营的最早模式,其影响因素是距离孤立国中心市场距离的远近而产生的交通运输费用成本的差异(Samuelson,1983)。在其后的研究中,到市场的距离不再是农业布局考虑的唯一因素,自然条件、人口密度、教育水平和农场主或农户的素质、经营规模和农业企业的交通位置等诸多因素对农业生产布局都有重要影响(布林克曼,1984),农业生产集中于更适合现代农业的地区,而边际农业地区不断减少(Andrea et al,2009)。此外,还需要考虑到价格—成本关系,包括农产品之间的价格关系、农业生产资料之间的费用关系、农产品与农业生产资料之间的价格—成本关系三个方面。其中,与经济增长相联系的农业劳动力工资水平增加,是导致农业结构趋于专业化的最重要的原因(安德烈埃,1991)。

国内外学者对农业专业化及其影响因素开展了诸多实证研究。普遍认为,农业专业化经营的影响因素包括地区比较优势、市场、农地利用外部性、劳动力、交通设施等。

Takashi(2003)通过对巴基斯坦西旁遮普(West Punjab)的实证研究发现,地区比较优势的发挥有利于农业专业化水平的提升。区域主导农作物经济收益具有比较优势(钟甫宁等,2008)。市场经济条件下商品农业的发展也促进了农业专业化发展。西班牙加入欧盟后农产品市场的扩大促进了西班牙农业专业化经营的发展(Ricardo et al,2004)。同样,区域市场的扩大也促进了我国油料作物区域分工水平(徐锐钊,2009)。

农业的外部性问题是影响农地专业化重要因素之一。研究发现,空间外部性是通过影响相邻地块的收益而对土地利用模式产生影响,包含正外部性和负外部性两类,是农民土地利用过程中作物选择决策的重要因素(David et al,2007)。

此外,农业劳动力兼业是促进农业专业化经营的重要推力。研究发现,中国大量的农村劳动力参与农业生产导致生产效率低下,而扶持和推动农村其他产业的发展和劳动力转移将提高农村劳动力资源的利用效率(Daniel et al,2010),农村剩余劳动力外出后,农业机械等省工性投入弥补了劳动力的缺乏,对农地专业化经营水平的提升有显著促进作用(Shen,2010)。

交通运输条件的改善促进了区域农业专业化。Steven 等(1998)对肯尼亚西亚亚(Siaya)地区实证研究认为,农村道路系统的完善能够降低食品消费的成本,减弱了农户家庭粮食消费对自身粮食生产的依赖,进而促进了高收益作物的专业化生产。同样,研究发现区域交通改善也对我国油料作物区域分工影响显著(徐锐钊,2009)。

农业专业化发展将形成农产品产业带和农业主产地。我国粮食生产布局逐步向我国中部、北部地区集中,粮食主产区进一步形成(鲁奇,1997;张落成,2000;罗万纯等,2005)。江苏省邳州大蒜业主产地的形成也受到学术界关注(周应恒等,2010)。政府对优势农产品区域布局也极为关注①。

农业生产格局变化是农户土地利用决策行为的综合表现。农户尺度的土地利用变化研究,主要从农户这一土地利用者的微观经济主体行为入手,观测其土地利用行为以及相关经济活动,分析农户活动对土地利用变化的影响(钟太洋等,2007)。在市场经济条件下,农户根据土地、资本、劳动力要素相对价格和农产品价格,投入不同的生产要素组合进行农业生产活动,达到投入要素成本最低、收益最大的经济目标。因此,农户作为理性的经济人,从新古典经济学角度分析农户尺度农地利用变化及其驱动因素,应是土地利用变化研究的重要方面。农户人口特征、兼业状况、生计与当地资源利用关系密切(Eduardo et al,2007;Sherbinina et al,2008;Qin,2010)。农户在农地利用决策中如何配置土地、劳动力和资本要素,对于区域土地利用变化和生态环境将产生重要影响,研究表明,世界上农户生计驱动并反映了环境制度、政治经济结构的转型变化(Radel et al,2010)。

农业地区间专业化分工是农户专业化生产的结果。而农户生产专业化水平受农户作物种植决策(选择)的影响。土地家庭承包责任制的实施使得我国农户自主经营的权利逐步增强,农户作物选择的自由度更大(郝海广等,2011)。市场化改革以来,市场成为配置种植业生产要素、产品的基础(Huffman et al,2001),农户家庭资源配置和生产目标也发生了重要变化(Brauw et al,2004),多数学者认为,在市场经济条件下,作物比较经济效益及收益预期是农户种植结构调整或作物选择的依据(蔡运龙,2000;何书金等,2002;梁书名等;2008;Wu et al,2008)。三峡库区柑橘种植规模扩大(熊晓山等,2010)、广西生物能源植物木薯种植面积持续增加(陈瑜琦等,2010)、华北平原"杨上粮下"现象(刘巽浩,2005;刘乃全等,2009;赵宇鸾等,2012)、甘肃南部山区马铃薯种植(田玉军等,2009)、华北平原的蔬菜种植(Huang et al,2009)等种植结构变化现象都是印证。

此外,劳动力已成为农户作物种植决策的关键因子。劳动力外出务工导致劳动力机会成本上升,农户倾向种植劳动力生产率较高的作物类型,种植结构趋于单一化(陈瑜琦,2009;田玉军等,2009,2010)。非农务工收入使得农户对土地的依赖降低,土地利用向单一种植、经济作物转变(张丽萍等,2008)。不同类型农户

① 2007年4月5日,农业部召开新一轮《优势农产品区域布局规划》编制工作部署会议,启动新一轮《优势农产品区域布局规划(2008—2015年)》编制工作。

的作物选择决策也不相同，维生性农户更注重选择自产自销的粮食作物，而商业性农户更注重选择纯收益高的经济作物(Morgan,1997;Laura,2009)。

风险规避、外部性、政府政策也是影响作物种植决策及农户生产专业化的重要因素。温思美等(2002)指出，我国农户经营专业化程度低的原因主要包括交易费用、风险与不确定性。杨志武等(2010)通过对黑龙江和江苏的实证研究发现，我国农户受作物生产的外部性影响而存在集体决策行为，区域农户作物选择决策相对一致。政府的补贴、技术服务、品牌建设等政策也促进了农户专业化生产(周应恒等,2010;郑凤田等,2006)。

1.4 理论依据

土地利用是人类改造地球活动广度最大的活动，其给人类提供了丰富的产品和服务，也对生态和环境产生了诸多影响(李秀彬,2002)。农地利用是土地利用的重要方式，历来是地理学、农业经济学、土地资源经济学等相关学科的学者们研究的热点。相关学科基础理论是本书研究的重要学术依据。

(1)地租与农业区位理论

地租是指土地资源的理论收益，巴洛维(1989)直接将其定义为土地在生产利用中自然产生的或者应该产生的经济报酬。对古典地租理论的形成，杜能、李嘉图等做出了很大贡献，杜能从区位的角度以节省土地产品运费来解释地租，李嘉图则从土地肥力差异以节省投入成本来解释地租的形成。不同的土地利用方式在某一区域的地租产出能力是不同的，产租能力最大的利用方式将占据该区域成为主导的土地利用方式。

古典农业区位论是杜能在其经典著作《孤立国与农业国和国民经济的关系》中创立的，其主要观点是土地产品离市场中心越远，运费越大，其地租产出能力越小，土地利用类型的空间布局形成圈层结构。杜能学说的意义不仅在于阐明了市场距离对于农业生产集约程度和土地利用类型(农业类型)的影响，更重要的是它首次确立了两个基本概念：土地利用方式(或农业类型)的区位存在着客观规律性和优势区位的相对性。之后，艾瑞保、布林克曼继承和发展了农业区位理论，从土地利用集约度分析入手，对不同土地利用类型的区位选择进行了分析，分析因素不但涵盖了杜能圈理论中的交通因素，还包含国民经济发展阶段、农业企业家个人情况等因素对农业经营区位的影响（布林克曼，1984）。

现代的农业区位论者更多地注重研究具体农户或者农场的“农业决策”。在一些农业经济学者看来，一个农户或者农场的生产类型即它的生产专业化方向是代表一个农场主决策过程的最终结果，由若干个具有类似生产类型的农场所组成的土地利用区域，是各个农场主按照他们自己的条件所做出的若干种决策的区域综合表现；解释和论证一定的农场生产类型的区位，必须研究农场主农业决策[①]。

（2）比较优势理论

比较优势理论最早由李嘉图创立，他在其 1817 年出版的《政治经济学及赋税原理》一书中，提出了著名的比较优势原理（Law of Comparative Advantage）。根据比较优势原理，一国在两种商品生产上较之另一国均处于绝对劣势，但只要处于劣势的国家在两种商品生产上劣势的程度不同，处于优势的国家在两种商品生产上优势的程度不同，则处于劣势的国家在劣势较轻的商品生产方面具有比较优势，处于优势的国家则在优势较大的商品生产方面具有比较优势。两个国家分工专业化生产和出口其具有比较优势的商品，进口其处于比较劣势的商品，这样两国都能从贸易中得到利益。就所有农户作为一个经济部门来说，比较优势原理意味着不同地区农业生产的专业化。整个农业部门或者某个农户的比较优势可能随着时间推移而发生变化，其动因有：①新品种或者新机械等技术变化，它改变了不同作物对投入的要求；②排水、灌溉、农田整治等土地改良；③不同地区投入价格或者产出价格的相对变化；④运输成本的变化（如新道路的修建）；⑤产出替代品的开发（如化学纤维消除了天然纤维的比较优势）（艾利思，2006）。

（3）农户经济理论

农户经济一般指农民家庭生产、分配、交换和消费行为的全过程。新古典经济学认为农户在资源约束下，能够改变农业要素投入的水平和类别，以实现家庭效用最大化（艾利思，2006）。劳动市场的存在与否，对于农户模型的成立和其结论的性质发挥着决定性的作用。查亚诺夫模型假设劳动力市场不存在，农户的劳动投入对外部价格与成本变化反应是负的或者不确定，农户生产与消费决策密切相关，农户生产动机部分地取决于社会可以接受的最低物质收入水平，农户生产

① 资料来源：http://wiki.mbalib.com.

决策相对封闭，因此，农户是从事自给自足式农业生产的维生性农户。Barnum等(1980)、Low(1986)在农户模型中引入了劳动力市场，当农户生产决策与消费决策分离，农户会对家庭变量(如家庭人口结构)和市场变量(如劳动力价格、农产品价格或新技术)的变化做出反应。当劳动力非农工资水平高于农业劳动边际产出，农户会放弃农业生产，选择从事非农务工，并通过消费替代策略来满足自身粮食需求。对于参与劳动力市场的农户来说，都运用市场工资来衡量家庭成员劳动投入的机会成本，非农务工工资水平较高，使得农户用于生产直接满足家庭消费的Z商品的劳动投入减少，节省的劳动力更多地投入到非农务工或者经济效益高的农产品生产中，农户成为从事商品化生产的商业性农户(艾利思，2006)。

1.5 研究内容

1.5.1 研究目标

研究基于中国劳动力成本上升和农业专业化的这一基本观察，探讨劳动力务农机会成本上升对农业专业化的影响过程及机制，旨在揭示劳动力成本上升背景下农地利用演变规律，为把握未来农地利用的变化趋势、合理调整农业政策提供理论参考。

1.5.2 分析框架

农业生产是一个自然再生产和经济再生产的有机结合过程。自然地理环境差异奠定了种植业地区分工的基本格局；而劳动力、土地、资本等要素之间比价的变化和农产品市场化，是农业结构时间上趋于专业化的驱动因素。市场经济条件下，农业专业化形成应具备两个条件：一是区域劳动力市场发育较好，农业劳动力能够参与其他产业；二是农业产出品的市场化(Huffman et al,2001)。

20世纪90年代中期以来，尤其是2001年全国取消粮食订购任务、实施粮食购销市场化改革以来，市场逐步成为配置农业生产要素和产品的基础。城乡劳动力市场和农产品市场的初步建立使得中国农业专业化具备基本的条件。

中国农村劳动力大规模乡—城流动，工业领域劳动力工资快速上涨，非农行业与农业对劳动力的竞争，使得劳动力务农机会成本上升，劳动力逐渐成为农业生产的关键约束因素。为获取与非农务工工资相当的收入水平，农户须通过追求高农业劳动生产率作物来实现，这种高劳动生产率作物也称为当地的优势作物。那么，农业结构将向优势作物调整，即向区域或农户优势用途转移，农业生产趋于专业化。宏观尺度的农业专业化称为地区专业化（地区分工）；而微观尺度的农业专业化称为农户专业化（图 1-2）。

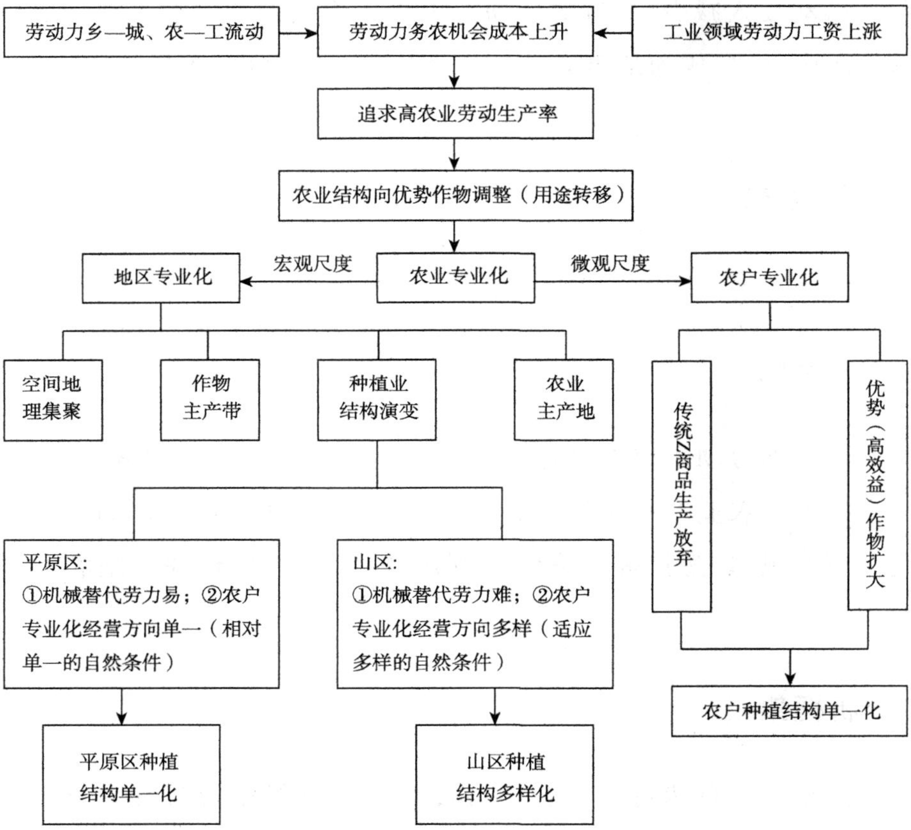

图 1-2　农业专业化演变的 LUCC 路径分析框架

地区专业化（地区分工）对土地利用/土地覆被变化（LUCC）的影响体现在：种植业在空间上将表现出地理集聚特征；作物生产也将形成主产带；区域种植业整体结构发生相应的演变。不同地形特点的区域种植业结构演变可能存在差异。从平原区来说，农户利用机械替代劳动力较易，倾向种植机械化程度和劳动生产率较高的作物类型，农户种植结构单一化；而平原区相对单一的自然条件，使农户专业化经营方向能够保持一致。从宏观尺度的农地利用来看，平原区种植业结构逐渐向单一化演变；而在山区，农户利用机械替代劳动力较难，农户种植多种作物或特色作物，以提高土地生产率的方式获取较高劳动生产率。此外，尽管部分山区农户已经实现种植业生产专业化，但由于山区多样的自然环境，农户专业化经营方向多样，这两方面都可能使得山区种植业结构向多样化演变。当然，除地形外，区域种植业整体结构演变还受交通、距市场距离等区位条件、区域劳动力状况与经济发展水平等社会经济因素以及机械化水平、土地资源禀赋等生产条件的影响，可能呈现不同的演变趋势。地区专业化对LUCC影响的极端形式是区域种植业整体结构的单一化，可能促进优势作物农业主产地的形成。

农户专业化对LUCC影响的逻辑是：劳动力成本上升，为节约劳力成本，农户将放弃劳动生产率低的传统Z商品的生产，而选择效益高的优势作物类型，优势作物在种植结构中比例增大，农户种植结构单一化。

除LUCC分析路径外，农户专业化还可以从农产品商品化路径来进行分析（图1-3）。农产品商品生产的发展，是农户家庭消费与生产的分离催生的。维生型小农生产的农业产品，很大的比例用于家庭消费，粮食、油料、蔬菜都是日常生活不可或缺的，因而安排种植的作物种类较多，种植业结构多样化；而商业型小农，家庭消费的农产品大都依赖市场，有条件将资源全部用于劳动生产率最高的作物的生产，种植的作物种类趋于单一化，农产品商品化程度提高。

农户农业生产的专业化程度，应该对应于家庭农产品的商品化率。在经济社会发展的进程中，劳动的社会化（农村劳动力非农就业）促进了农户农产品的商品化。农村劳动力非农就业增加了农产品的市场需求，进而促进了农产品商品化、专业化生产；农产品商品化、专业化生产也提高了农业劳动生产率，促进了农业劳动力的增收，也为农村劳动力进一步释放（非农就业）提供了条件。

农村劳动力非农就业，可能对农户及其农业生产产生影响。主要表现在农户生计类型、生产方式、作物结构方面的显著变化：农户生计类型由维生性小农向商业性小农转变；农户生产方式由自给式生产向专业化生产转变；农户作物结构由多样化向单一化转变（图1-3）。

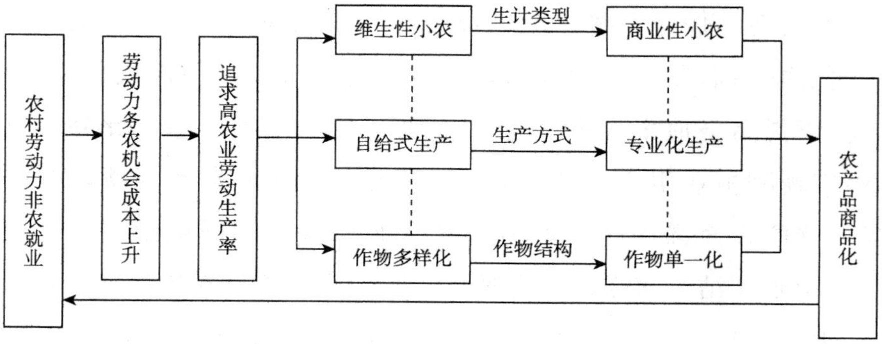

图 1-3　农户专业化的农产品商品化路径分析框架

1.5.3　主要研究内容

本书研究内容主要包括:宏观层面上中国种植业地理集聚状况,作物的地区专业化分工及其影响因素;种植业结构演变过程及其驱动机制;农业主产地形成机制;微观层面农户生产专业化过程及机理。

(1)种植业地理集聚状况分析。采用地区集中度指标,研究 1990 年以来我国种植业地理集聚状况,包括种植业地理集聚现状特征、变化趋势以及粮食作物、经济作物的地理集聚状况。

(2)作物的地区专业化分工及影响因素分析。采用我国县级层面作物种植面积数据,运用规模比较优势指数对县级层面全国种植业生产布局、地区专业化分工情况进行实证研究;并从反映自然条件适宜性的作物生产水平比较优势指数和衡量经济效益大小的投入产出水平两方面,分析种植业地区专业化分工的影响因素。

(3)县级层面种植业结构演变及影响因素分析。采用赫芬代尔系数定量评价 1990 年以来全国县域种植业结构特征及其演变趋势,并运用多元线性回归方法对县域种植业结构演变的相关影响因素进行实证分析。

(4)农业主产地形成机制研究。首先简要介绍近年来我国农业主产地发展情况,其次以河北省文安县速生杨基地为例,利用“3S”技术提取速生杨主产地杨树种植规模及其空间分布信息;最后分析速生杨主产地形成的影响因素及其驱动机理。

(5)微观农户层面生产专业化研究。采用农户数据对在全国范围内平原区、农牧交错区、山区具有代表性的河北省文安县、内蒙古太仆寺旗、宁夏海原县进行实证研究，通过研究农户农业生产的区域差异，初步了解农户生产专业化演变过程与机理。

1.5.4　研究技术路线

本书在广泛调研和整理文献资料的基础上，提出了农地利用的专业化特征及其驱动机制的科学论题。依据地租与农业区位理论、比较优势理论、农户经济理论及土地利用变化理论，采用遥感、数理统计、投入产出等技术方法，对 TM 影像、农户数据、统计数据等进行分析，研究了宏观层面种植业专业化与地区分工和农户生产专业化，并得出一些基本结论和政策启示，研究技术路线见图 1-4。

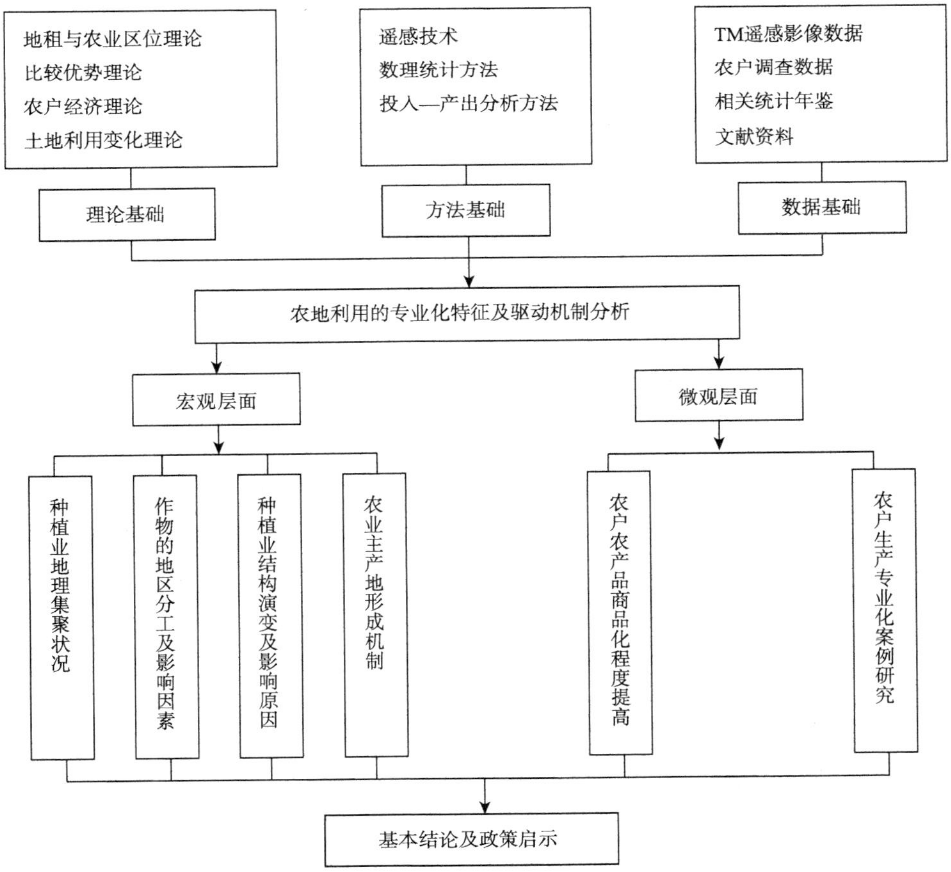

图 1-4　研究技术路线图

第 2 章　种植业地理集聚状况

本章采用地区集中度指标测度和评价省级层面稻谷、小麦、玉米、大豆、马铃薯、棉花、花生、油菜、蔬菜及水果等 10 种代表性作物以及县级层面稻谷、小麦、玉米、大豆、薯类、棉花、油料和水果 8 类代表性作物产业地理集聚程度，以期从整体上把握我国农地利用的地区专业化分工特征。

2.1　测度方法与数据来源

2.1.1　研究方法

地区集中度用来测度全国种植业中某种作物的地理集聚水平。作物集聚水平实质上反映了作物生产布局的空间分布特征，高地区集中度意味着作物生产布局呈现较高的地区专业化分工水平。在本书中具体指某种作物播种面积排名居于全国前几位区域占全国该作物总播种面积的比重的累计份额（克鲁格曼，2001；徐康宁等，2003；陆文聪等，2008）。某一作物地区集中度（C_n）用公式表示为：

$$C_n = \sum_{i=1}^{n} S_i \times 100\% \tag{2-1}$$

式中，S_i 为按播种面积从大到小排序第 i 位的地区播种面积占全国总播种面积的比重，n 是人为设定的地区总数，一般取规模居于前几位的地区。本书中，省级层面、县级层面 n 分别取前 5 强省（C_5）和前 400 强县（C_{400}），两者约占全国省级、县级单元总数的六分之一，有利于两个层面的对比分析。

2.1.2 数据来源

研究时段确定为1990—2009年，主要考虑20世纪90年代初期中国乡—城、农—工劳动力流动（“民工潮”）的出现（朱泽，1993），农村劳动力非农就业的种植业专业化效应已开始显现。我国自然环境地域差异大，种植业作物类型多样，本章选取在我国广泛种植的稻谷、小麦、玉米、大豆、马铃薯5种代表性粮食作物与棉花、花生、油菜、蔬菜和水果5种代表性经济作物作为研究对象，收集各类型作物的播种面积数据，建立1990—2009年种植业分析数据库。

省级层面稻谷、小麦、玉米、大豆、马铃薯、棉花、花生、油菜、蔬菜及水果等10种作物播种面积数据来源于《中国农村统计年鉴》（国家统计局农村社会经济调查司，1991—2010）。需要说明的是，因行政区划变更的原因，将重庆数据并入四川，香港、澳门特别行政区和台湾省因数据缺失而未纳入研究范围，因此，研究对象为30个省级单元。

对县级层面种植业专业化的分析，考虑到县级数据的可获取性，选取了1990年、2008年两个年份的稻谷、小麦、玉米、大豆、薯类、棉花、油料、水果等8类作物，数据来源于全国各省（区、市）农业统计年鉴。由于部分县域单元种植业规模小，我们选取了全国2400余个县级（包括县级市、区、旗等）行政区域（不含部分市辖城区和种植面积＜1000 hm^2 的县级行政区域）进行分析。

2.2 种植业地理集聚的现状特征

2.2.1 种植业地区集中度

（1）省级层面

根据式（2-1），计算了2009年全国省级层面10种代表性作物的地区集中度，如表2-1所示。从表2-1可以看出，全国10种代表性作物的地区集中度平均值达到59.03％，即中国种植业播种面积的一半以上集聚于种植比重排名前5位的省（区、市）中，而其他25个省（区、市）的种植业播种面积之和未占到一半，这说明中国省级层面种植业整体上达到较高的产业集聚程度，地区专业化特征十分明显。

省级层面不同作物产业集中程度有所差别。棉花、大豆地区集中度最高，超过70%，马铃薯、小麦、花生、油菜地区集中度超过60%，玉米、稻谷地区集中度为50%左右，水果、蔬菜地区集中度最低，仅略高于40%。其中，棉花地区集中度最高，新疆、山东、河北、河南及湖北5省(区)播种面积居于全国前5位，累计占全国播种面积的77.29%。黑龙江大豆种植面积在全国的占比高达43.61%。四川、内蒙古、甘肃、贵州、云南的马铃薯播种面积占全国播种面积的65.40%。河南、山东、河北3省的小麦和花生种植比重居于全国前3位，其中河南省小麦、花生播种面积均占到全国五分之一以上。长江流域的湖北、四川、湖南、安徽、江西5省的油菜播种面积占到全国的62.55%。东北地区的黑龙江、吉林2省和华北平原的河北、山东、河南3省玉米种植比重居于全国前5位，累计占到全国播种面积的一半。长江流域的湖南、江西、四川、安徽和东北地区的黑龙江稻谷种植比重居于全国前5位，将近占全国稻谷播种面积的一半。广东、河北、陕西、广西、新疆5省(区)水果种植面积占全国43.86%；而山东、河南、四川、江苏、广东5省蔬菜种植面积也占到全国种植面积的五分之二多。

表 2-1　2009 年省级层面 10 种作物的地区集中度

作物类型	全国播种面积($10^3 hm^2$)	S_i(%)					C_5(%)	集中地区
		S_1	S_2	S_3	S_4	S_5		
棉花	4951.8	28.46	16.16	12.52	10.85	9.29	77.29	新、鲁、冀、豫、鄂
大豆	9189.8	43.61	10.56	9.14	5.08	4.76	73.15	黑、徽、内、豫、吉
马铃薯	5080.7	17.45	13.07	12.67	12.50	9.73	65.40	川、内、甘、贵、云
小麦	24290.9	21.67	14.59	9.86	9.70	8.55	64.37	豫、鲁、冀、徽、苏
花生	4376.7	22.29	17.70	8.90	7.36	6.95	63.20	豫、鲁、冀、粤、川
油菜	7277.8	16.02	15.25	13.96	9.92	7.40	62.55	鄂、川、湘、徽、赣
玉米	31182.6	12.86	9.48	9.46	9.36	9.29	50.45	黑、吉、冀、鲁、豫
稻谷	29626.7	13.66	11.08	9.14	8.31	7.58	49.77	湘、赣、川、黑、徽
水果	11139.6	9.71	9.30	9.08	8.24	7.53	43.86	粤、冀、陕、桂、新
蔬菜	18414.5	9.54	9.19	9.13	6.23	6.18	40.27	鲁、豫、川、苏、粤
均值							59.03	

资料来源:《中国农村统计年鉴(2010)》。

(2)县级层面

根据式(2-1)，计算了2008年全国县级层面8类代表性作物地区集中度，如表2-2所示。分析表2-2可以看出，全国县级层面8种作物地区集中度平均值为

76.07%，远高于全国省级层面 10 种作物地区集中度平均值（59.03%），表明从县级层面上看，作物地理集聚程度更高，种植业地区专业化分工特征更加明显。

县级层面不同作物地区产业集聚水平有一定差异。全国棉花生产前 400 强县地区集中度在所有作物中最高，为 96.44%，其中，前 50 强县棉花播种面积几乎占全国一半。全国水果生产前 400 强县地区集中度也达到 84%以上，前 50 强县种植面积将近占全国五分之三。全国大豆、稻谷、薯类和小麦生产前 400 强县地区集中度超过 70%，油料和玉米生产前 400 强县地区集中度最低，但也超过 50%。

表 2-2 2008 年县级层面 8 类作物地区集中度

作物	C_n(%)							
	C_{50}	C_{100}	C_{150}	C_{200}	C_{250}	C_{300}	C_{350}	C_{400}
棉花	46.23	62.78	74.30	82.20	87.84	91.94	94.66	96.44
水果	57.74	67.52	72.14	75.61	78.39	80.72	82.76	84.52
大豆	43.18	56.77	63.55	68.23	71.76	74.65	77.08	79.22
稻谷	41.01	52.23	58.54	63.68	68.02	71.78	75.05	77.92
薯类	32.18	44.76	53.09	59.40	64.53	68.60	72.05	74.90
小麦	18.41	30.28	39.78	47.79	54.62	60.49	65.59	70.10
油料	23.49	34.05	41.69	48.06	53.52	58.19	62.39	66.07
玉米	18.50	28.05	35.47	41.69	46.88	51.48	55.61	59.37
均值								76.07

（3）省级、县级层面对比分析

从省级、县级层面对比分析看（图 2-1），全部作物县级尺度地区集中度及其平均值都大于省级尺度地区集中度。其中，水果、稻谷的省级、县级尺度地区集中度相差最大，水果省级尺度地区集中度为 43.86%，而县级尺度达到 84.52%；稻谷省级尺度地区集中度为 49.77%，而县级尺度为 77.92%。说明在不同空间尺度上，水果、稻谷作物的集中度差异很大，在省级尺度上较为分散，而在县域尺度上地理集聚明显。

总之，我国多数作物目前都表现出较高的地区集中度。主要作物中，棉花、水果、大豆、稻谷、薯类及小麦的集中度较高，油料和玉米较低。其中，水果和稻谷在省级尺度上较为分散，而在县级尺度上则表现出明显的地理集聚特征。

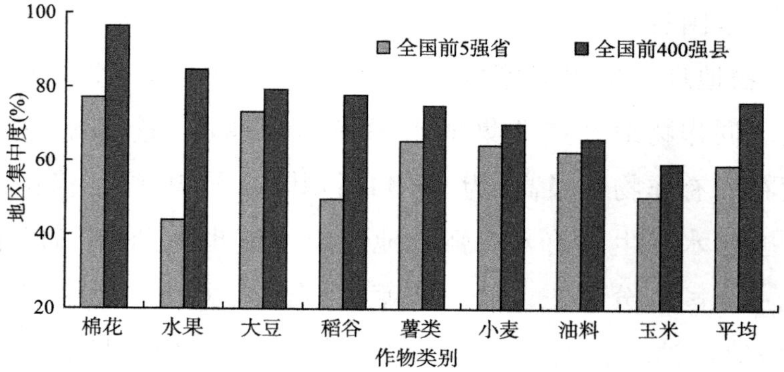

图 2-1　不同尺度作物地区集中度比较

2.2.2　典型农业省(区)作物地理集聚状况

除社会经济发展较为发达的山东、广东、江苏 3 省外，当前中国种植业多集中于华北平原的河北、河南，东北地区的黑龙江、吉林，西北地区的新疆、内蒙古等省(区)，以及长江流域的四川、江西、湖南、湖北、安徽等中西部省份，值得一提的是，河南省有 6 种作物种植面积比重居于全国前五位(表 2-3)。这些主产省(区)多为社会经济发展欠发达的内陆、中西部省(区)，是我国粮食作物生产布局中心，也是我国种植业布局中心，在我国种植业发展中占据重要地位。

表 2-3　2009 年中国 10 种作物种植面积比重排名前五位省(区)分布情况

作物	豫	鲁	冀	川	徽	黑	粤	新	鄂	湘	内	吉	赣	苏	陕	甘	桂	贵	云
棉花	4	2	3					1	5										
大豆	4				2	1					3	5							
马铃薯				1							2					3		4	5
小麦	1	2	3		4									5					
花生	1	2	3	5			4												
油菜				2	4				1	3			5						
玉米	5	4	3			1						2							
稻谷				3	5	4				1			2						
水果			2				1	5							3		4		
蔬菜	2	1		3			5							4					
类型数	6	5	5	5	4	3	3	2	2	2	2	2	2	2	1	1	1	1	1

2.3 种植业地理集聚的变化趋势

2.3.1 种植业地区集中度变化

(1)省级层面

1990—2009年期间，省级层面10种作物地区集中度均值(59.03%)较1990年均值(55.20%)有了较大幅度的增加(增加了3.83个百分点)，说明中国种植业地理集聚程度进一步提高，整体上呈强化趋势(表2-4)。

不同作物产业集中趋势有所差异。从不同作物地区集中度变化看，1990—2009年间大豆、小麦、马铃薯、蔬菜、棉花、油菜的地区集中度上升，表明作物地理集聚程度进一步增强，作物生产布局更加集中。其中，大豆地区集中度提高了18.21个百分点，增幅最大，地理集聚程度提高最快，其中黑龙江的比重增加了16.11个百分点，贡献最大。小麦地区集中度提高了12.15个百分点，河南作为小麦生产第一大省的地位进一步强化，比重增加6.12个百分点。马铃薯地区集中度也提高了10.82个百分点，内蒙古、甘肃、贵州、云南的马铃薯播种面积持续扩大。蔬菜的地区集中度提高了3.87个百分点，山东、江苏种植比重挤入前五位，跃居全国第一、四位。虽然棉花地区集中度仅提高了2.64个百分点，但新疆棉花种植比重增加了20.67个百分点，取代山东成为我国第一大棉花种植省区，经济发达地区的江苏则退出了棉花种植的前五位；油菜地区集中度增幅较小，仅为2.06个百分点，湖北取代四川成为油菜生产第一大省。与上述作物形成对比的是，水果、花生、玉米和稻谷的地区集中度均有所减小，分别减少6.48、3.54、1.00、0.43个百分点。

表2-4　1990—2009年省级层面作物地区集中度变化

作物类型	S_i(%)										C_5(%)		
	第1位		第2位		第3位		第4位		第5位				
	1990年	2009年	1990年	2009年	1990年	2009年	1990年	2009年	1990年	2009年	1990年	2009年	1990—2009年变化
棉花	25.22	28.46	16.30	16.16	14.73	12.52	10.24	10.85	8.16	9.29	74.64	77.29	2.64
	山东	新疆	河北	山东	河南	河北	江苏	河南	湖北	湖北			

续表

作物类型	S_i(%)										C_5(%)		
	第1位		第2位		第3位		第4位		第5位				
	1990年	2009年	1990年	2009年	1990年	2009年	1990年	2009年	1990年	2009年	1990年	2009年	1990—2009年变化
大豆	27.50	43.61	8.46	10.56	6.92	9.14	6.14	5.08	5.93	4.76	54.94	73.15	18.21
	黑龙江	黑龙江	河南	安徽	安徽	内蒙古	吉林	河南	山东	吉林			
马铃薯	17.52	17.45	10.25	13.07	9.93	12.67	8.57	12.50	8.32	9.73	54.58	65.40	10.82
	四川	四川	甘肃	内蒙古	贵州	甘肃	内蒙古	贵州	陕西	云南			
小麦	15.55	21.67	13.49	14.59	8.16	9.86	7.80	9.70	7.22	8.55	52.22	64.37	12.15
	河南	河南	山东	山东	河北	河北	江苏	安徽	四川	江苏			
花生	24.48	22.29	15.17	17.70	11.15	8.90	10.19	7.36	5.75	6.95	66.74	63.20	－3.54
	山东	河南	河南	山东	广东	河北	河北	广东	广西	四川			
油菜	15.25	16.02	14.06	15.25	11.36	13.96	9.99	9.92	9.83	7.40	60.50	62.55	2.06
	四川	湖北	安徽	四川	湖南	湖南	湖北	安徽	江西	江西			
玉米	11.24	12.86	10.37	9.48	10.17	9.46	10.13	9.36	9.54	9.29	51.45	50.45	－1.00
	山东	黑龙江	吉林	吉林	河南	河北	黑龙江	山东	河北	河南			
稻谷	13.22	13.66	9.96	11.08	9.61	9.14	9.45	8.31	7.97	7.58	50.20	49.77	－0.43
	湖南	湖南	江西	江西	广东	四川	四川	黑龙江	湖北	安徽			
水果	12.45	9.71	12.37	9.30	12.10	9.08	7.53	8.24	5.89	7.53	50.34	43.86	－6.48
	广东	广东	山东	河北	河北	陕西	辽宁	广西	陕西	新疆			
蔬菜	10.04	9.54	8.16	9.19	6.45	9.13	5.89	6.23	5.86	6.18	36.40	40.27	3.87
	四川	山东	广东	河南	河南	四川	湖北	江苏	湖南	广东			
均值											55.20	59.03	3.83

资料来源:《中国农村统计年鉴(1996—2010)》。

(2)县级层面

从种植业整体变化上看,1990年、2008年县级层面全国8类作物地区集中度均值分别为70.12%、76.07%,1990—2008年间增加5.95个百分点(表2-5)。从不同作物地区集中度变化来看,1990—2008年稻谷、薯类、大豆、小麦、油料、棉花6种作物县级尺度地区集中度增加;而水果、玉米县级尺度地区集中度有一定程度下降。

表2-5　1990—2008年县级层面作物地区集中度变化(%)

C_{400} \ 作物	稻谷	小麦	玉米	大豆	薯类	棉花	油料	水果	均值
1990年	62.61	60.03	62.13	67.35	61.85	92.79	56.87	97.29	70.12
2008年	77.92	70.10	59.37	79.22	74.90	96.44	66.07	84.52	76.07
1990—2008年变化	15.30	10.07	－2.76	11.87	13.04	3.65	9.21	－12.77	5.95

(3)省级、县级层面对比分析

从省级、县级层面对比来看(图 2-2),近 20 年来全国种植业整体上呈现地理集聚趋势,县级尺度(增加 5.95 个百分点)的增强趋势较省级尺度(增加 3.83 个百分点)大。在不同空间尺度下,稻谷地区集中度的变化方向不同,近 20 年来省级尺度稻谷地区集中度小幅下降,但在县级尺度上则大幅上升;而其他作物地区集中度的变化方向一致,仅在变化幅度上有一些差异,小麦、大豆、薯类、棉花、油料作物地区集中度上升,玉米、水果地区集中度下降。

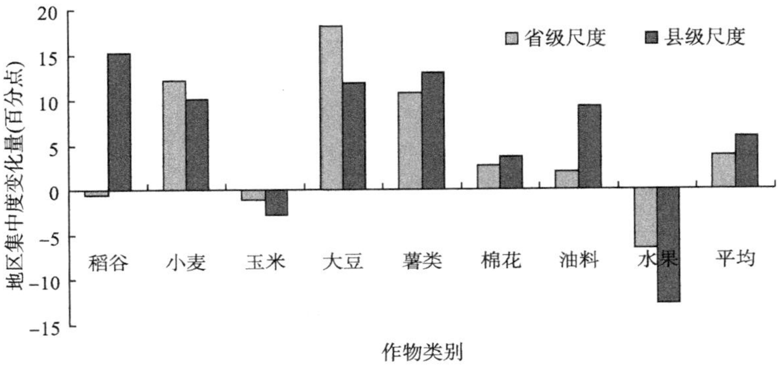

图 2-2　不同尺度作物地区集中度变化比较

总的来说,过去 20 年间,我国种植业在整体上呈现地理集聚的趋势。这种趋势在县级尺度上明显强于省级尺度。在县级尺度上测度地区集中度,排序前 400 名各县的 8 种主要作物总播种面积,在全国的占比从 70.12%提高到 76.07%,上升了将近 6 个百分点。主要作物中,稻谷、小麦、大豆、薯类、棉花及油料作物的地区集中度上升趋势明显,而水果和玉米则趋于分散。

2.3.2　种植业生产布局的空间重心变化

(1)生产重心西移

1990—2009 年期间,东部地区① 10 种作物种植面积比重先缓慢下降后迅速下降,由 1990 年的 37.47%缓慢下降至 2000 年的 36.25%,后迅速下降至 2009 年的 32.14%;中部地区 10 种作物种植面积比重先抑后扬,由 1990 年的 50.62%下降

① 根据省份区位和经济发展水平,划分三大地带。东部地区:辽宁、北京、天津、河北、山东、江苏、上海、浙江、福建、广东、广西和海南等 12 个省(区、市);中部地区:吉林、黑龙江、山西、河南、安徽、湖北、湖南、江西、陕西和四川等 10 个省(市);西部地区:新疆、内蒙古、甘肃、青海、宁夏、贵州、云南和西藏等 8 个省(区)。

至 2000 年的 50.00%，后上升至 2009 年的 52.12%；西部地区 10 种作物种植面积比重由 1990 年的 11.91%上升至 2009 年的 15.74%（图 2-3）。2000 年以来，种植业生产布局东部地区萎缩迅速，向中西部地区转移和集中趋势明显，生产重心西移。

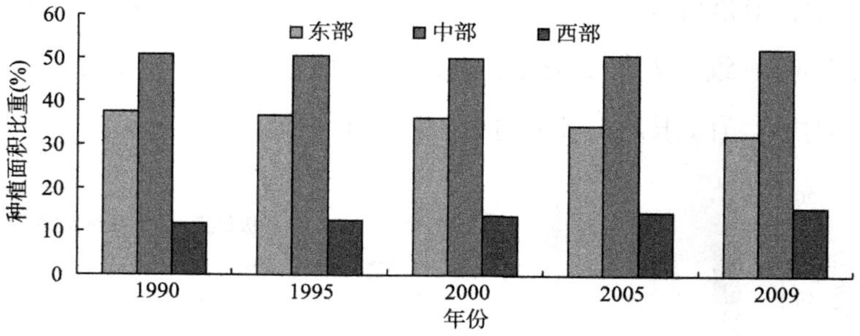

图 2-3　1990—2009 年三大地带 10 种作物种植面积比重变化

(2)生产重心北移

从 1990—2009 年南方、北方地区[①] 10 种作物种植面积比重来看（图 2-4），北方地区 10 种作物种植面积比重持续上升，由 1990 年的 47.93%上升到 2009 年的 52.02%，而南方地区比重下降，由 1990 年的 52.07%下降到 2009 年的 47.98%，种植业南方地区萎缩，北方地区扩张，生产重心北移。

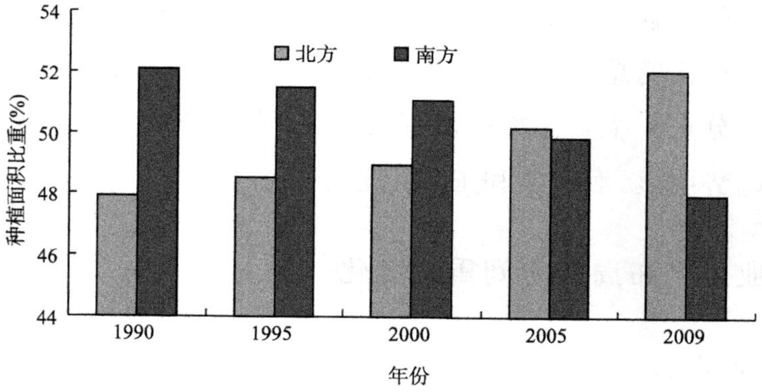

图 2-4　1990—2009 年南方、北方 10 种作物种植面积比重变化

① 《全国新增 1000 亿斤粮食生产能力规划(2009—2020 年)》中北方地区包括北京、天津、河北、山西、内蒙古、辽宁、吉林、黑龙江、山东、河南、西藏、陕西、甘肃、青海、宁夏、新疆等 16 个省(区、市)；南方地区包括上海、江苏、浙江、安徽、福建、江西、湖北、湖南、广东、广西、海南、四川、重庆、贵州、云南等 15 个省(区、市)。

2.3.3 不同作物生产布局的空间重心变化

(1)粮食生产向北方、东北地区和主产区集中

从 1990—2009 年南方、北方地区粮食作物种植面积来看(图 2-5),粮食生产重心北移趋势更加显著,粮食生产向北方转移和集中。2009 年北方地区粮食种植面积占全国的 55.94%,比 1990 年(48.65%)增加 7.29 个百分点,大于北方种植业集中度增幅(4.09 个百分点),重心北移更加明显。其中,在北方地区粮食种植面积比重的增量中,东北地区贡献最大。1990—2009 年,全国七大农业产区①中东北地区粮食作物种植面积比重增加迅速,集中度由 1990 年的 13.15%上升到 2009 年的 18.17%,尤其是东北地区稻谷、大豆种植面积比重增幅大,2009 年分别提高到 12.75%和 50.16%。华北地区粮食作物种植比重也有一定增长,其中,小麦种植比重提高到 2009 年的 51.99%(表 2-6)。全国其他农业区粮食种植比重均有一定程度的下降。

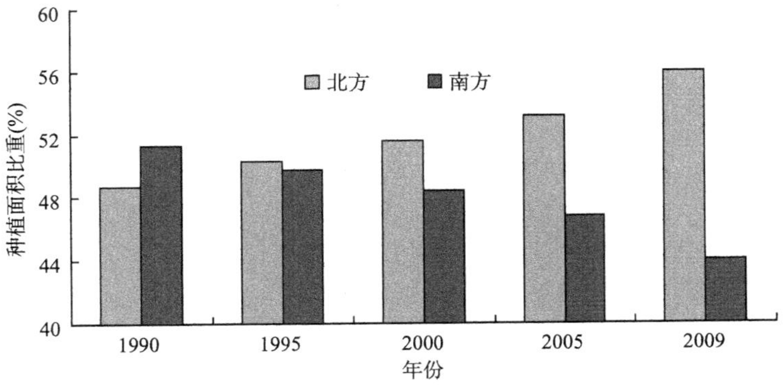

图 2-5 1990—2009 年南、北方粮食作物种植面积比重变化

表 2-6 1990—2009 年农业区粮食作物种植面积比重变化(%)

地区	稻谷		小麦		玉米		大豆		马铃薯		粮食作物	
	1990 年	2009 年	1990 年	2009 年	1990 年	2009 年	1990 年	2009 年	1990 年	2009 年	1990 年	2009 年
东北	4.95	12.75	6.36	1.26	26.88	28.64	38.25	50.16	11.14	8.41	13.15	18.17
华北	2.66	3.21	45.32	51.99	39.34	41.63	27.79	20.14	20.65	19.03	27.17	29.57

① 根据省份区位和经济发展水平,划分七大农业产区。东北区包括黑龙江、吉林、辽宁;华北区包括北京、天津、河北、河南、山西、山东、内蒙古;华东区包括上海、江苏、浙江;华中区包括湖南、湖北、安徽、江西;华南区包括广东、广西、福建、海南;西南区包括四川、云南、贵州、西藏;西北区包括陕西、甘肃、宁夏、青海、新疆。

续表

地区	稻谷		小麦		玉米		大豆		马铃薯		粮食作物	
	1990年	2009年	1990年	2009年	1990年	2009年	1990年	2009年	1990年	2009年	1990年	2009年
华东	15.40	11.07	9.09	9.04	2.43	1.38	4.19	3.19	1.18	1.14	9.23	6.30
华中	38.14	39.23	12.04	13.94	4.37	4.93	13.32	13.76	8.41	5.06	19.45	18.18
华南	23.12	17.78	0.78	0.04	2.93	2.43	5.62	2.43	2.70	2.46	9.49	6.42
西南	14.80	15.01	10.64	8.97	15.44	12.52	5.52	6.20	34.30	39.68	13.25	13.20
西北	0.93	0.95	15.77	14.76	8.62	8.47	5.31	4.13	21.62	24.22	8.26	8.17
合计	100	100	100	100	100	100	100	100	100	100	100	100

同时，值得注意的是，全国13个粮食主产省(区)①粮食作物种植面积比重先缓慢上升后快速上升，由1990年的70.56%缓慢上升至2000年的71.50%，后快速上升至2009年的74.98%(图2-6)。可见，2000年以来，粮食生产向主产区集中趋势明显，粮食生产表现出较强的区域性特征，这与其他学者的研究结论一致(陈锡文，2011)。

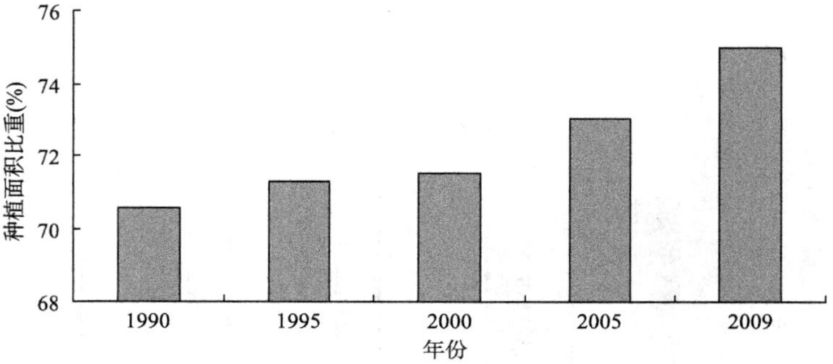

图2-6　1990—2009年主产区粮食作物种植面积比重变化

(2)经济作物向西北、西南、华南地区集中

全国七大农业区中，西北、西南、华南三个地区经济作物种植比重上升，从表(2-7)看出，1990—2009年间西北地区经济作物种植面积比重上升趋势明显，由1990年的7.69%上升至2009年的12.46%，其中，棉花、水果贡献最大，西北地区棉花、水果种植面积比重分别由1990年的9.91%、12.21%上升至2009年的30.83%、21.25%。华南、西南地区水果种植比重也有一定幅度的提高。其他农业区经济作物种植比重均有不同程度的下降，但个别经济作物种植比重仍然增幅

① 《全国新增1000亿斤粮食生产能力规划(2009—2020年)》中主产区包括：黑龙江、辽宁、吉林、内蒙古、河北、江苏、安徽、江西、山东、河南、湖北、湖南、四川等13个省(区)。

较大，例如，2009年华北地区蔬菜种植比重上升到28.3%，较1990年增加了近7个百分点。

表2-7　1990—2009年农业区经济作物种植面积比重变化(%)

地区	花生		油菜		棉花		蔬菜		水果		经济作物	
	1990年	2009年	1990年	2009年	1990年	2009年	1990年	2009年	1990年	2009年	1990年	2009年
东北	2.90	9.46	1.19	0.03	0.34	0.05	10.36	4.46	8.96	3.98	5.05	3.65
华北	51.41	49.68	5.94	8.80	58.96	42.17	21.44	28.30	34.72	22.53	32.43	27.35
华东	4.04	2.87	14.97	9.29	11.70	5.53	10.77	10.29	6.48	4.81	10.24	7.59
华中	11.87	14.06	45.25	47.30	16.78	21.00	19.66	18.45	9.18	12.19	21.53	21.35
华南	21.26	14.15	0.93	0.42	0.02	0.05	17.09	16.14	21.89	24.31	11.32	13.72
西南	7.14	8.95	23.63	25.49	2.29	0.37	16.08	15.88	6.55	10.95	11.74	13.89
西北	1.38	0.83	8.09	8.67	9.91	30.83	4.60	6.47	12.21	21.25	7.69	12.46
合计	100	100	100	100	100	100	100	100	100	100	100	100

2.4　小结

本章采用作物种植面积数据，运用地区集中度指标，从多个空间尺度上对1990年以来中国种植业地理集聚程度进行了实证分析，得出了一些规律性认识。

(1)我国多数作物目前都表现出较高的地区集中度。主要作物中，棉花、水果、大豆、稻谷、薯类及小麦的集中度较高，油料和玉米较低。其中水果和稻谷在省级尺度上较为分散，而在县级尺度上则表现出明显的地理集聚特征。

(2)过去20年间，我国种植业在整体上呈现出地理集聚的趋势。这种趋势在县级尺度上明显强于省级尺度。在县级尺度上测度地区集中度，排序前400名各县的8种主要作物总播种面积，在全国的占比从70.12%提高到76.07%，上升了将近6个百分点。主要作物中，稻谷、小麦、大豆、薯类、棉花及油料作物的地区集中度上升趋势明显，而水果和玉米则趋于分散。

(3)从更为宏观的尺度上看，我国种植业的重心在过去20年来向中西部、北部地区转移。其中粮食作物更加集中于13个主产省份，特别是华北和东北地区；而西北、西南及华南地区的经济作物占全国的比重明显上升。

总之，1990年以来我国种植业的地理集聚趋势增强，且在县级尺度上更为显著。表明我国种植业地区专业化分工特征明显。

本章通过对全国种植业地理集聚状况的分析，初步了解了我国种植业地区专业化分工的整体情况，但对每种代表性作物在全国范围内种植布局、地区分工状况如何，以及什么因素可能导致种植业地区专业化分工，尚未深入细致地分析。这些将是后续章节的内容。

第 3 章　作物的地区专业化分工及其影响因素

通过前一章对作物地区集中度的宏观分析，初步了解了我国种植业地理集聚的整体状况及其在近 20 年来的变化。地理集聚的根源还在于地区间的专业化分工。因此，有必要在更为空间详尽化的尺度上，了解各种作物的空间布局和地区分工状况，并分析专业化分工的影响因素。

3.1　研究方法与数据来源

3.1.1　研究方法

水、热等自然条件是决定作物空间布局的主要因素。自然条件对某种作物适宜性的好坏会在一定程度上通过作物产量水平（单产）反映出来。一般来说，作物种类与自然条件匹配较好的情况下，单产水平较高，该作物在区域作物种植结构中占较大比例，具有规模比较优势。也就是说，作物倾向于布局在单产水平较高的地区；或者，相比其他地区具有生产水平优势的作物，在该地区的种植结构中应占有较高的比重。从这个意义上说，通过比较某种作物在区域种植结构中的优势程度与其生产水平优势程度间的匹配情况，可以衡量该作物专业化分工的发展程度。

当然，由自然条件决定的作物生产水平，只是作物空间布局的影响因素之一。劳动力、资本等其他生产要素也起到重要的作用，与土地要素一起决定了作物之间以及地区之间农业经营的效益高低。在不考虑社会因素的情况下，一般经济效益高的作物种植规模相对较大，是区域农业的专业化品种。因此，通过对作物生产进行投入产出分析，可以进一步解释种植业的地区分工。

我们首先利用规模比较优势指数从县级层面上对我国种植业生产布局进行测度，然后运用作物生产水平比较优势指数和投入产出法解释作物规模分布和地区分工的原因（李应中，1997）。

（1）规模比较优势指数

规模比较优势指数是指某一地区某种作物播种面积占该地区总播种面积比重与全国这种作物所占比重之比值（张毅，2003）。计算公式如下：

$$G_{ij} = \frac{S_{ij}/S_i}{S_j/S} \tag{3-1}$$

式中：G_{ij} 为 i 区 j 种作物的规模比较优势指数，S_{ij} 为 i 区 j 种作物的播种面积，S_j 为 j 种作物全国播种面积，S_i 为 i 区作物总播种面积，S 为全国作物总播种面积。若 $G_{ij}>1$，说明该种作物在该区农业发展中具有规模比较优势，是区域专业化生产的作物品种，该指数越大，该区该种作物的规模种植比较优势越大，专业化程度越高，反之亦然；若 $G_{ij}<1$，说明该种作物不具有规模种植优势，不是区域专业化生产的作物品种；若 $G_{ij}=1$，说明该种作物在该区的规模种植水平与全国相当。

（2）生产水平比较优势指数

生产水平比较优势指数也称单产比较优势指数，是指某一地区内某种作物的土地产出率与该种作物的全国平均土地产出率[①]之比值（刘琰琰等，2007）。该指数越大，说明该区该种作物在全国的生产水平比较优势越大，反之亦然。其公式如下：

$$Y_{ij} = \frac{O_{ij}/S_{ij}}{O_j/S_j} \tag{3-2}$$

式中：Y_{ij} 为 i 区 j 种作物的生产水平比较优势指数，O_{ij} 为 i 区 j 种作物的产量，S_{ij} 为 i 区 j 种作物的播种面积，O_j 为全国 j 种作物的产量，S_j 为全国 j 种作物的播种面积。若 $Y_{ij}>1$，说明该区种作物生产水平超过全国平均水平，具有比较优势，土地产出率较高；若 $Y_{ij}<1$，说明该区该种作物生产水平低于全国平均水平，不具有比较优势，土地产出率较低；若 $Y_{ij}=1$，说明该区该种作物生产水平与全国平均水平相当。

（3）投入产出法

投入产出分析方法是指在了解研究区域农业生产环节的基础上，建立各种农

---

① 土地产出率采用作物总产量和播种面积计算，由于各种作物复种指数数据缺乏，故未能考虑作物复种指数对土地产出率的影响，这可能会低估复种指数较高地区的作物土地产出率。

作物的投入产出明细表，分别计算各种作物的土地生产率和劳动生产率，通过对两者的比较来分析各种农作物对土地的竞争。

确定土地利用类型和不同作物的投入—产出系数：

①产出：包括主产品、副产品、补贴收入等在内的总收益；

②投入：包括种子、肥料、灌溉等物质投入和服务费用、雇佣劳动力工资、土地成本、成本外支出等在内的总成本。

劳动生产率和土地生产率的计算公式为：

$$P_{\text{land}} = P \times O - C \tag{3-3}$$

$$P_{\text{labor}} = (P \times O - C)/I_{\text{labor}} \tag{3-4}$$

式中：P_{land}和 P_{labor}分别为土地生产率（土地净收益）和劳动生产率（家庭投入劳动净收益），P 为某种农作物出售价格，O 为单位面积作物总产量，C 为生产这种作物单位面积上的投入成本，I_{labor}为单位面积土地上的家庭劳动投入（单位工日）（陈瑜琦，2009；辛良杰，2009）。

3.1.2　数据来源

种植业地区分工研究数据源于前述全国 2400 余县的作物播种面积、产量数据。各种作物经济效益分析数据来源于全国农产品成本收益资料汇编（国家发展和改革委员会价格司，2009）。

3.2　作物的地区专业化分工状况

3.2.1　作物专业化生产区域分布

为直观地了解当前各种作物在全国范围内地区专业化分工状况，根据式（3-1）计算了 2400 余县的作物规模比较优势指数，并据此绘制了 2008 年全国作物规模比较优势指数图（图 3-1，参见彩插）。从图 3-1 中可以看出，当前我国各种作物生产中具有规模比较优势的县集中连片分布特征明显，意味着当前我国作物生产布局呈现出较强的区域性特征，区域作物生产地区专业化分工特征显著。

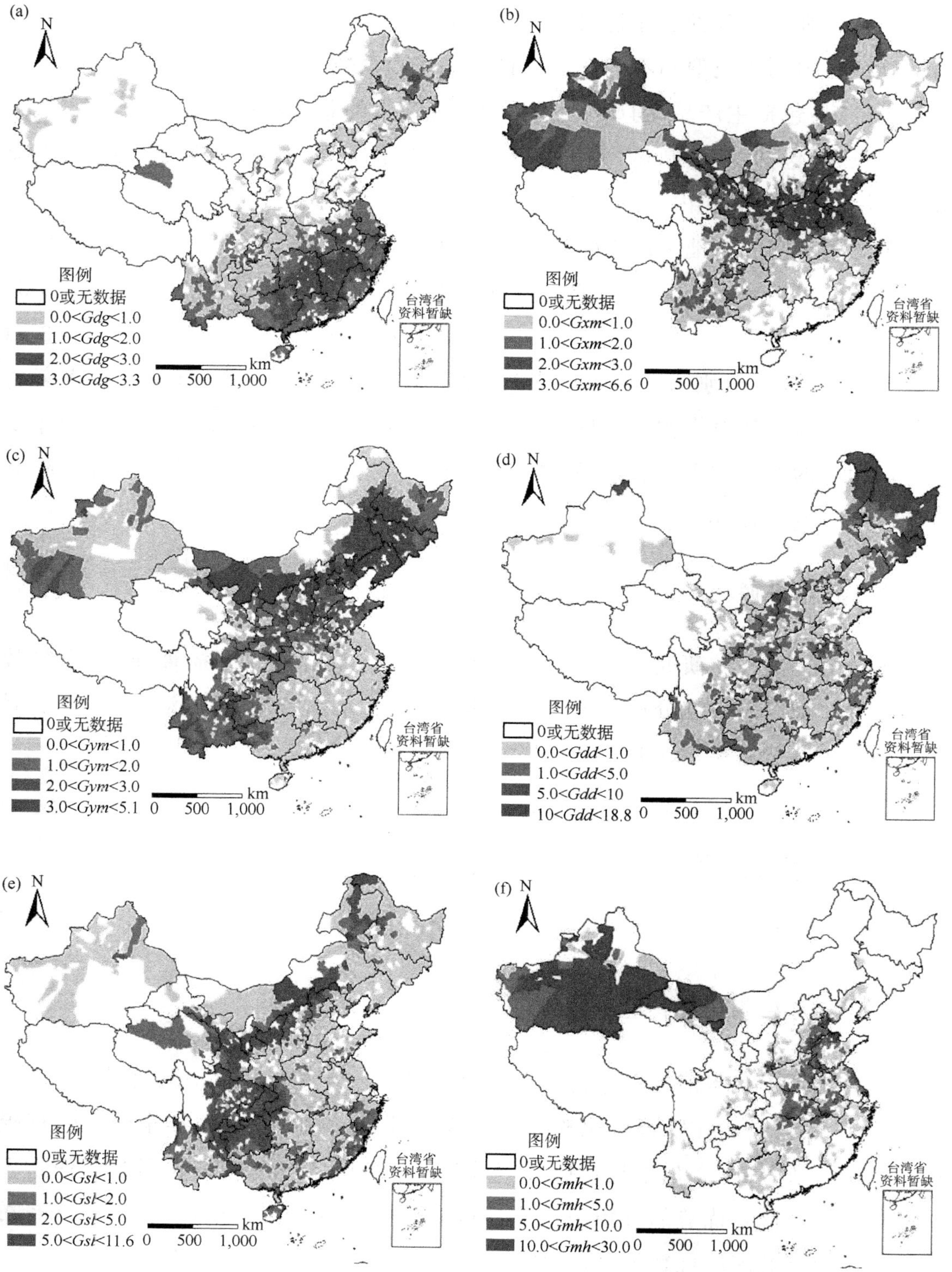
(a)
N
图例
0或无数据
0.0<Gdg<1.0
1.0<Gdg<2.0
2.0<Gdg<3.0
3.0<Gdg<3.3
km
0 500 1,000
台湾省
资料暂缺
(b)
N
图例
0或无数据
0.0<Gxm<1.0
1.0<Gxm<2.0
2.0<Gxm<3.0
3.0<Gxm<6.6
km
0 500 1,000
台湾省
资料暂缺
(c)
N
图例
0或无数据
0.0<Gym<1.0
1.0<Gym<2.0
2.0<Gym<3.0
3.0<Gym<5.1
km
0 500 1,000
台湾省
资料暂缺
(d)
N
图例
0或无数据
0.0<Gdd<1.0
1.0<Gdd<5.0
5.0<Gdd<10
10<Gdd<18.8
km
0 500 1,000
台湾省
资料暂缺
(e)
N
图例
0或无数据
0.0<Gsl<1.0
1.0<Gsl<2.0
2.0<Gsl<5.0
5.0<Gsl<11.6
km
0 500 1,000
台湾省
资料暂缺
(f)
N
图例
0或无数据
0.0<Gmh<1.0
1.0<Gmh<5.0
5.0<Gmh<10.0
10.0<Gmh<30.0
km
0 500 1,000
台湾省
资料暂缺

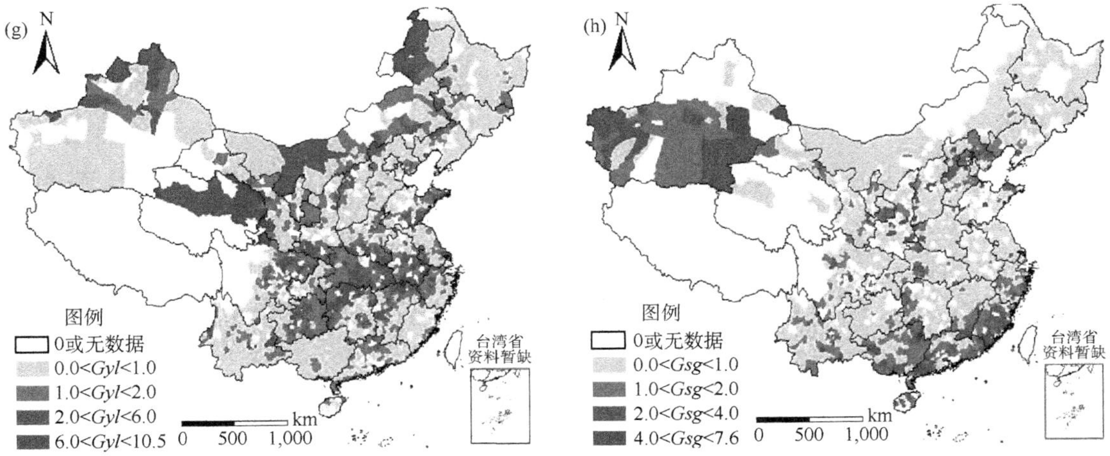

图 3-1　2008 年稻谷(a)、小麦(b)、玉米(c)、大豆(d)、薯类(e)、棉花(f)、油料(g)、水果(h)规模比较优势指数

2008 年各种作物专业化生产($G_{ij}>1$)的区域主要为：

(1)稻谷生产主要集中分布在长江下游地区的湖南东部、江西北部、安徽南部，广西东部，广东雷州半岛以及东北地区黑龙江中部；

(2)小麦生产主要集中分布在华北平原的河北南部、河南、山东西部以及江苏安徽北部地区；

(3)玉米生产主要集中分布在东北地区的黑龙江南部、吉林辽宁大部、内蒙古中东部地区以及华北平原、云贵高原部分地区；

(4)大豆生产主要集中分布在黑龙江、吉林和辽宁部分地区；

(5)薯类生产集中分布在四川盆地周边山区、重庆、贵州、广西西部、云南、甘肃中南部、陕西北部以及内蒙古东部；

(6)棉花生产主要集中分布在新疆、河北南部、山东西部、河南东部以及长江中下游地区的湖北中东部、安徽南部、江西北部；

(7)油料生产主要集中分布长江中游地区的湖北、安徽南部、江西北部、四川中东部，贵州大部，新疆以及内蒙古；

(8)水果生产主要集中在新疆，东南沿海的广西、广东、福建、浙江，以及河北、山东、陕西、四川、湖北、云南等部分地区。

3.2.2　作物专业带

总的来说，许多作物形成了明显的专业带(图 3-2，参见彩插)。有些作物的专业带，在全国有两三个，如稻谷和棉花，稻谷主要有东北主产带和南方主产带，棉花主要有西北主产带和华北—华中主产带；有的则呈连续分布的格局，如小麦、玉米和薯类；有些作物的分布呈现“大分散、小集聚”的格局，如大豆、油料和水果。一些作物从上一章的整体状况分析中没有明显看出地理集聚的特征，而在本章通过规模比较优势的测度中，却表现出了明显的地理集聚特征，如玉米和水果。

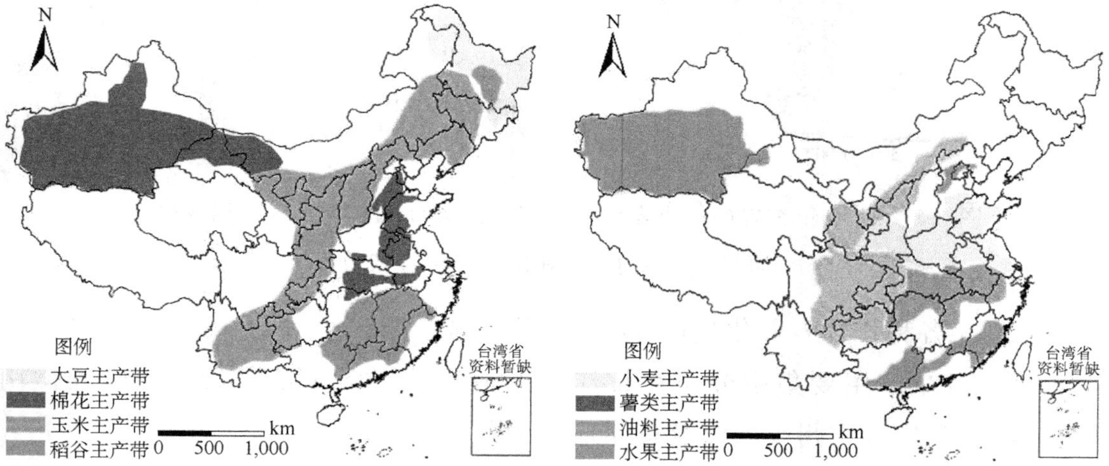

图 3-2　2008 年中国主要作物地区专业化分工图

3.3　作物地区专业化分工的影响因素

3.3.1　作物单产比较优势指数

作物种植受区域水、热等自然条件的约束，通常作物专业化生产地带的形成得益于区域适宜的自然条件。根据式(3-2)，计算了 2008 年上述作物单产比较优势指数[①]并绘图，见图 3-3(参见彩插)。从图 3-3 中可以看出：

(1)稻谷单产比较优势指数高值区主要集中分布在东北地区的黑龙江、吉林、辽宁三省以及长江中下游地区；

① 作物单产比较优势指数未考虑同类作物的不同品种及其产量的差异，如早稻、中稻、晚稻、春玉米、夏玉米等。

(2)小麦单产比较优势指数高值区主要集中分布在华北平原的河北南部、河南东部、山东以及安徽和江苏北部地区；

(3)玉米单产比较优势指数高值区主要集中分布在东北地区的吉林、黑龙江、辽宁以及新疆、内蒙古等部分地区；

(4)棉花单产比较优势指数高值区主要集中分布在新疆、华北平原以及长江中下游地区；

(5)油料单产比较优势指数高值区主要集中分布在华北平原的河南、山东、河北等省和东北地区的吉林、辽宁两省；

(6)大豆、薯类和水果单产比较优势指数高值区分布区域较为零散。

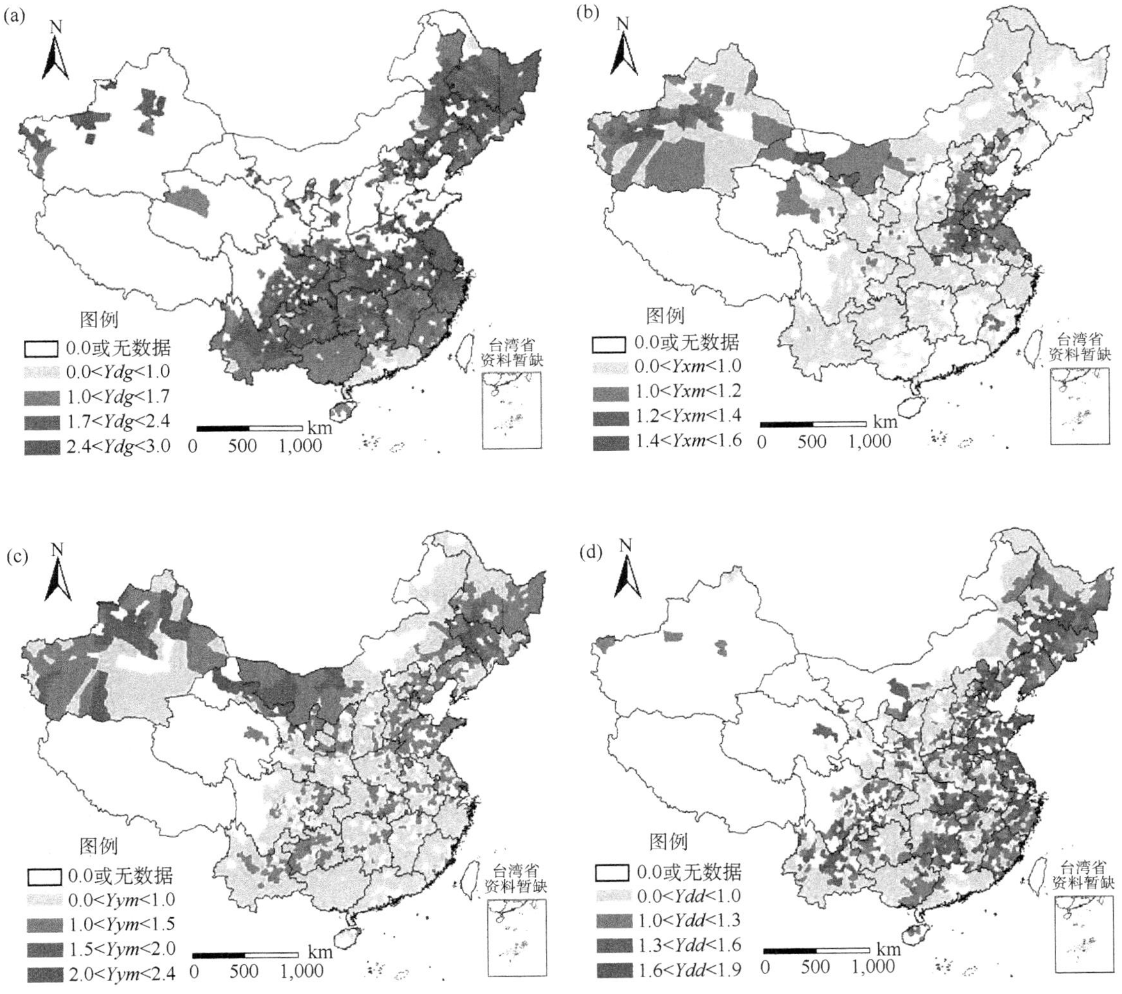

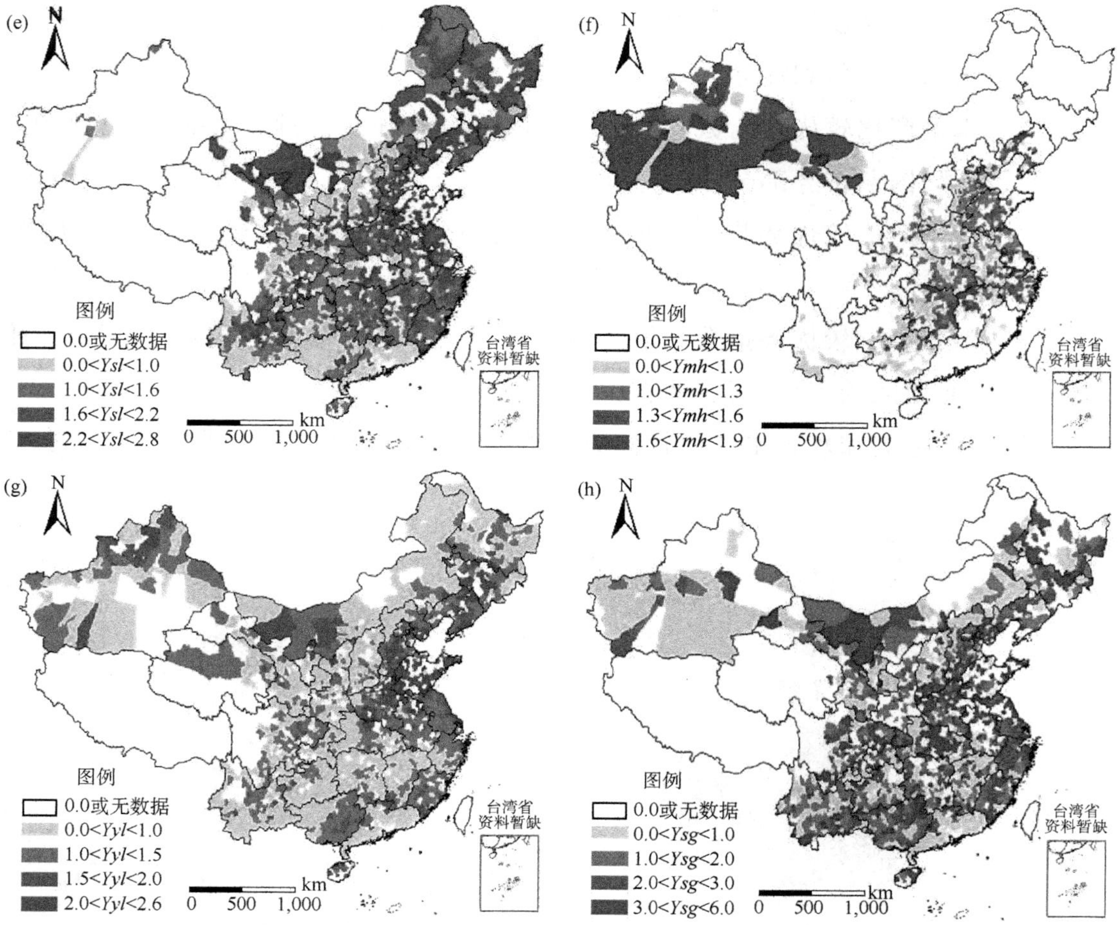

图 3-3　2008 年稻谷(a)、小麦(b)、玉米(c)、大豆(d)、薯类(e)、棉花(f)、油料(g)、水果(h)单产比较优势指数

对比同一种作物的规模比较优势指数与单产比较优势指数的分布区域，发现两者密切相关(图 3-4，参见彩插)。总的来说，稻谷、小麦、玉米、棉花单产比较优势指数高值区与其相应的规模比较优势指数高值区较为吻合(图 3-4a～c，f)，表明区域良好的水、热等自然条件促进了作物的规模种植。油料和水果两指数高值区不一致的原因可能是不同区域种植油料、水果品种的差异(图 3-4g，h)，而大豆和薯类两指数高值区不完全吻合(图 3-4d，e)，原因可能是大豆、薯类在全国适宜种植范围较广、单产优势指数普遍较高，但其在单产优势指数较高区域农业经营的经济效益方面并不占优势，导致这些区域两种作物种植规模相对较小。这表明作物生产布局不仅是受作物生产水平的影响，可能还受到区域内不同作物经济效益大小的影响。由于山区的自然条件限制，薯类单产比较优势指数比全国其他地区

小，但薯类主要分布在山区，原因可能是山区作物间薯类单产比较优势指数最大。

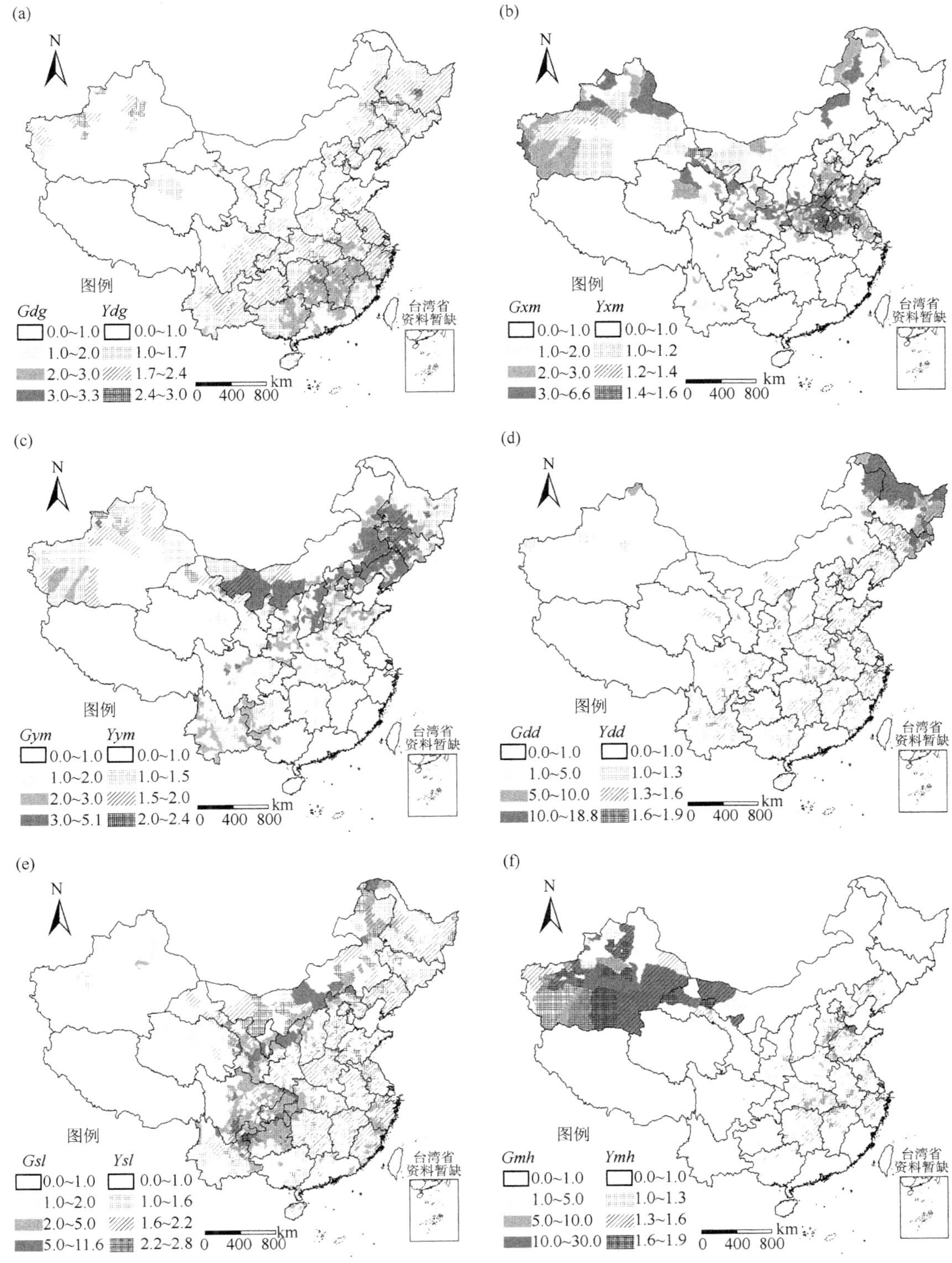

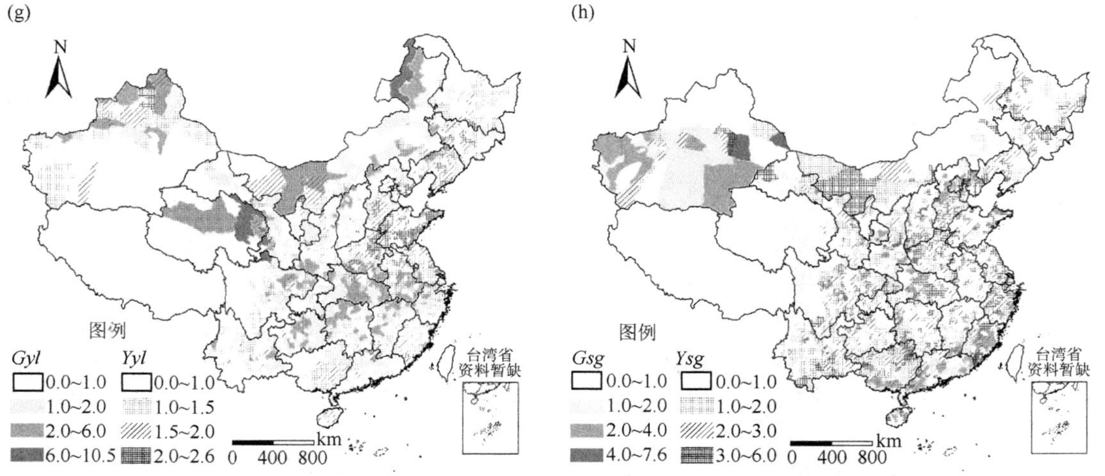

图 3-4　2008 年全国稻谷(a)、小麦(b)、玉米(c)、大豆(d)、薯类(e)、棉花(f)、油料(g)、水果(h)规模比较优势指数(Gsg)与单产比较优势指数(Ysg)

3.3.2　区域单产比较优势指数最大作物分布

上述分析主要是基于单一作物单产比较优势在全国范围的分布状况。实际上,农业生产中作物的选择还受区域内各种作物间相对优势的横向比较的影响。为此,本书对比了各县作物间的单产比较优势,挑选出县域内单产比较优势指数最高的作物,并绘制分布图。

从作物间的单产比较优势指数差异来看,作物间单产比较优势指数最大的作物为薯类的区域,主要集中在我国农牧交错带和山区(图 3-5),其与薯类规模比较优势指数(图 3-1e)的吻合程度较薯类单产优势指数与规模优势指数吻合程度(图 3-4f)要高,一定程度上解释了薯类在这些地区的分布。从本质上来说,作物间单产比较优势指数差异是影响作物经济效益的因素之一。

3.3.3　作物经济效益比较

选取在全国范围内具有代表性的稻谷、小麦、大豆、马铃薯、棉花、油菜等 6 种作物,利用全国农产品成本收益资料,从经济效益角度解释这些作物主产带内优势作物的集聚原因。土地生产率、劳动生产率分别为农业经营的土地净生产率(收益)、家庭劳动净生产率(收益);主产带作物经济效益数据为主产带核心区省份数据，数据来源于《全国农产品成本收益资料汇编(2009)》(国家发展和改革委员会价格司，2009)。

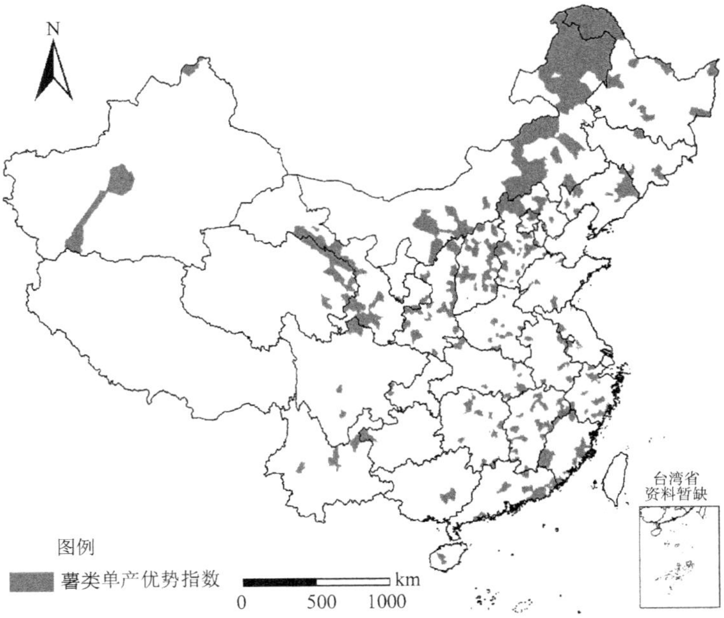

图 3-5　作物间薯类单产优势指数最大区域分布

(1)南方稻谷主产带主要作物经济效益

利用投入产出法计算了南方稻谷主产带主要作物经济效益，如表 3-1 所示。从表中可以看出，2008 年南方稻谷主产带主要作物中棉花土地生产率最大，达到 782.79 元/亩[①]，晚籼稻、粳稻、早籼稻土地生产率依次减小，分别为 478.91 元/亩、462.26 元/亩、440.34 元/亩，油菜最小，仅为 277.18 元/亩。而从作物劳动生产率来看，晚籼稻、早籼稻、粳稻种植过程中耗工相对较少，劳动生产率较大，分别为 58.19 元/日、51.08 元/日、48.66 元/日，明显高于其他作物，具有较高的比较经济效益。上述分析表明，在劳动力机会成本上升的背景下，南方稻谷主产带主要作物中稻谷的劳动生产率显著高于其他作物，是区域农业生产中的优势作物，早、晚籼稻及粳稻的种植也是经济效益较高的农地利用方式，因此，该区域稻谷在区域农地利用过程中具有较高规模比较优势。

① 1 亩≈666.7 平方米，下同。

表 3-1　2008 年南方稻谷主产带主要作物投入产出状况

项目	单位	早籼稻	晚籼稻	粳稻	油菜	棉花
产值合计	元/亩	768.42	819.45	742.91	450.68	1293.70
主产品产值	元/亩	745.31	798.24	703.91	428.13	1108.13
副产品产值	元/亩	23.11	21.21	39.00	22.55	185.57
总成本	元/亩	393.60	407.94	317.85	188.80	516.86
物质和服务费	元/亩	307.62	320.68	217.85	122.71	446.22
雇工费用	元/亩	8.36	5.99	0.00	0.00	0.00
土地成本	元/亩	77.09	80.20	100.00	66.09	70.42
流转地租金	元/亩	9.28	9.62	0.00	8.51	7.80
自营地折租	元/亩	67.81	70.58	100.00	57.58	62.62
成本外支出	元/亩	0.53	1.07	0.00	0.00	0.22
补贴收入	元/亩	65.52	67.40	37.20	15.30	5.95
家庭用工投入	工日/亩	8.62	8.23	9.50	6.14	32.62
土地生产率(收益)	元/亩	440.34	478.91	462.26	277.18	782.79
劳动生产率(收益)	元/日	51.08	58.19	48.66	45.14	24.00

注:南方稻谷主产带作物经济效益数据为江西省数据,江西省粳稻数据缺失,用湖北省数据代替。

(2)华北小麦主产带主要作物经济效益

从华北小麦主产带主要作物投入产出来看(表 3-2),小麦、粳稻、玉米、花生、棉花的土地生产率分别为 399.81、449.30、390.20、404.29 和 456.29 元/亩,差异并不悬殊,但小麦劳动生产率却达到 77.94 元/日,远高于其他作物劳动生产率,具有竞争优势,且小麦与玉米是该区优势的土地利用组合,因此,小麦生产规模比较优势指数较高,华北也成为我国重要的小麦生产地。

(3)大豆主产带主要作物经济效益

从大豆主产带主要作物投入产出来看(表 3-3),大豆、玉米、粳稻、烤烟和甜菜的土地生产率分别为 256.02、311.82、292.49、1005.11、468.94 元/亩,尽管大豆土地生产率最小,但大豆劳动生产率最大,为 116.37 元/日,大豆经济效益突出,在大豆主产带农业生产中具有较大规模比较优势。

表 3-2　2008 年华北小麦主产带主要作物投入产出状况

项目	单位	小麦	粳稻	玉米	花生	棉花
产值合计	元/亩	715.34	949.56	642.52	771.44	791.38
主产品产值	元/亩	696.96	893.65	622.90	757.71	638.48
副产品产值	元/亩	18.38	55.91	19.62	13.73	152.90
总成本	元/亩	353.06	536.46	290.34	405.99	378.89
物质和服务费	元/亩	257.34	359.71	189.98	279.11	276.10

续表

项目	单位	小麦	粳稻	玉米	花生	棉花
雇工费用	元/亩	0.67	52.82	1.21	0.00	6.84
土地成本	元/亩	95.05	123.93	99.15	126.88	95.95
流转地租金	元/亩	4.08	1.07	3.80	0.00	0.00
自营地折租	元/亩	90.07	122.86	95.35	126.88	95.95
成本外支出	元/亩	0.00	0.00	0.00	0.00	0.00
补贴收入	元/亩	37.53	36.20	38.02	38.84	43.80
家庭用工投入	工日/亩	5.13	10.53	6.59	9.37	25.21
土地生产率(收益)	元/亩	399.81	449.30	390.20	404.29	456.29
劳动生产率(收益)	元/日	77.94	42.67	59.21	43.15	18.10

注:华北小麦主产带作物经济效益数据为河南省数据。

表 3-3 2008 年大豆主产带主要作物投入产出状况

项目	单位	大豆	玉米	粳稻	烤烟	甜菜
产值合计	元/亩	507.97	597.12	935.20	1796.59	871.25
主产品产值	元/亩	497.51	585.12	924.05	1787.72	855.89
副产品产值	元/亩	10.46	12.00	11.15	8.87	15.36
总成本	元/亩	306.82	339.74	710.33	941.14	465.74
物质和服务费	元/亩	167.69	206.43	362.28	556.82	277.15
雇工费用	元/亩	12.90	11.14	89.96	141.41	41.47
土地成本	元/亩	126.23	122.17	258.09	242.91	147.12
流转地租金	元/亩	21.57	23.60	116.36	31.69	20.15
自营地折租	元/亩	104.66	98.57	141.73	211.22	126.97
成本外支出	元/亩	0.00	0.00	0.00	0.00	0.00
补贴收入	元/亩	54.87	54.44	67.62	149.66	63.43
家庭用工投入	工日/亩	2.20	3.61	4.03	13.75	4.66
土地生产率(收益)	元/亩	256.02	311.82	292.49	1005.11	468.94
劳动生产率(收益)	元/日	116.37	86.38	72.58	73.10	100.63

注:大豆主产带作物经济效益数据为黑龙江省数据。

(4)马铃薯主产带主要作物经济效益

从马铃薯主产带主要作物投入产出来看(表 3-4),小麦、玉米、马铃薯、烤烟、棉花的土地生产率分别为 274.27、509.48、581.92、1537.56、637.44 元/亩,马铃薯土地生产率较烤烟、棉花小,但由于其家庭用工投入比后者少,马铃薯劳动生产率仍高于烤烟和棉花,为 60.62 元/日,居第一位,经济效益高,在马铃薯主产带作物生产中具有规模比较优势。

表 3-4　2008 年马铃薯主产带主要作物投入产出状况

项目	单位	小麦	玉米	马铃薯	烤烟	棉花
产值合计	元/亩	637.80	961.13	750.00	2151.73	1470.00
主产品产值	元/亩	584.39	907.20	—	2113.68	1187.16
副产品产值	元/亩	53.41	53.93	—	38.05	282.84
总成本	元/亩	404.03	504.85	168.08	804.37	840.50
物质和服务费	元/亩	309.03	389.74	—	717.73	554.50
雇工费用	元/亩	9.13	6.83	—	0.00	106.45
土地成本	元/亩	85.76	108.28	—	86.64	178.92
流转地租金	元/亩	0.10	0.07	—	0.00	2.89
自营地折租	元/亩	85.66	108.21	—	86.64	176.03
成本外支出	元/亩	0.11	0.00	—	0.00	0.63
补贴收入	元/亩	40.50	53.20	—	190.20	7.94
家庭用工投入	工日/亩	9.96	17.83	9.60	30.91	13.78
土地生产率(收益)	元/亩	274.27	509.48	581.92	1537.56	637.44
劳动生产率(收益)	元/日	27.54	28.57	60.62	49.74	46.26

注:马铃薯主产带作物经济效益数据为甘肃省数据;马铃薯投入产出数据引自(田玉军,2010)。

(5)棉花主产带主要作物经济效益

从棉花主产带主要作物投入产出来看(表 3-5),长绒棉的土地生产率为 480.68 元/亩,虽然长绒棉种植过程中总耗工量大,但棉农在生产过程中大量使用雇佣劳动力,每亩雇工费用达 371.16 元,家庭用工量较小,仅为 2.44 日/亩,因此,长绒棉的家庭劳动生产率仍然较高,为 197.00 元/日,具有经济竞争优势,呈现出较高的规模比较优势。

表 3-5　2008 年棉花主产带主要作物投入产出状况

项目	单位	小麦	玉米	长绒棉	晾晒烟	甜菜
产值合计	元/亩	769.50	869.05	1591.51	1231.14	1292.70
主产品产值	元/亩	684.37	831.28	1279.40	1231.14	1287.48
副产品产值	元/亩	85.13	37.77	312.11	0.00	5.22
总成本	元/亩	446.07	476.66	1110.83	903.79	755.59
物质和服务费	元/亩	346.81	310.81	491.34	307.24	515.41
雇工费用	元/亩	22.39	42.32	371.16	521.55	83.34
土地成本	元/亩	72.42	118.41	238.33	75.00	156.33
流转地租金	元/亩	4.41	5.48	53.62	0.00	13.61
自营地折租	元/亩	68.01	112.93	184.71	75.00	142.72
成本外支出	元/亩	4.45	5.12	10.00	0.00	0.51
补贴收入	元/亩	101.27	0.00	0.00	0.00	0.00
家庭用工投入	工日/亩	4.88	5.49	2.44	10.81	6.73

续表

项目	单位	小麦	玉米	长绒棉	晾晒烟	甜菜
土地生产率(收益)	元/亩	424.70	392.39	480.68	327.35	537.11
劳动生产率(收益)	元/日	87.03	71.47	197.00	30.28	79.81

注:棉花主产带作物经济效益数据为新疆维吾尔自治区数据。

(6)油菜主产带主要作物经济效益比较

从油菜主产带主要作物投入产出来看(表 3-6),晚籼稻、粳稻、玉米、油菜、棉花的土地生产率分别为 435.04、462.26、386.14、440.82、442.34 元/亩,油菜土地生产率居中,但其劳动生产率为 67.71 元/日,居于第一位,经济效益高,所以油菜在油菜主产带农业生产布局中具有较高规模比较优势。

从上述分析得出:在劳动力务农机会成本上升的背景下,稻谷、小麦、大豆、马铃薯、棉花、油菜等 6 种作物家庭用工劳动生产率高,具有显著的比较经济效益,在主产带作物竞争中优势突出,促进了这些作物地区的专业化分工。

表 3-6　2008 年油菜主产带主要作物投入产出状况

项目	单位	晚籼稻	粳稻	玉米	油菜	棉花
产值合计	元/亩	814.55	742.91	654.29	657.69	948.45
主产品产值	元/亩	808.99	703.91	650.98	654.96	772.48
副产品产值	元/亩	5.56	39.00	3.31	2.73	175.97
总成本	元/亩	439.59	317.85	322.65	233.38	510.40
物质和服务费	元/亩	328.36	217.85	241.61	148.25	413.43
雇工费用	元/亩	17.62	0.00	4.68	4.50	13.15
土地成本	元/亩	88.52	100.00	76.36	75.50	78.88
流转地租金	元/亩	6.59	0.00	1.30	2.57	2.37
自营地折租	元/亩	81.93	100.00	75.06	72.93	76.51
成本外支出	元/亩	5.09	0.00	0.00	5.13	4.94
补贴收入	元/亩	60.08	37.20	54.50	16.51	4.29
家庭用工投入	工日/亩	8.44	9.50	10.42	6.52	25.93
土地生产率(收益)	元/亩	435.04	462.26	386.14	440.82	442.34
劳动生产率(收益)	元/日	51.55	48.66	37.06	67.61	17.06

注:油菜主产带作物经济效益数据为湖北省数据。

3.4 小结

本章采用县级层面作物种植面积数据，运用规模比较优势指数对县级层面全国种植业地区专业化分工情况进行了分析，并从反映自然条件适宜性的作物生产水平和经济效益两方面，对种植业地区专业化分工的影响因素进行了探讨。基本结论如下。

(1)许多作物形成了明显的专业带。有些作物的专业带在全国有两三个，如稻谷和棉花，稻谷主要有东北主产带和南方主产带，棉花主要有西北主产带和华北—华中主产带；有的则呈连续分布的格局，如小麦、玉米和薯类；有些作物的分布呈现“大分散、小集聚”的格局，如大豆、油料和水果。一些作物从上一章的整体状况分析中没有明显看出地理集聚的特征，而在本章通过规模比较优势的测度中，却表现出了明显的地理集聚特征，如玉米和水果。

(2)反映区域水、热等自然条件适宜性的单产比较优势指数是种植业地区专业化分工的重要影响因素，区域良好的水、热等自然条件促进了作物的规模种植。从单产比较优势指数来说，稻谷、小麦、玉米、棉花单产比较优势指数高值区与其相应的规模比较优势指数高值区较为吻合。

此外，区域内各作物间单产比较优势指数差异也是影响作物分布的重要因素。作物间单产比较优势指数最大的作物为薯类的区域主要集中在我国农牧交错带和山区，一定程度上解释了薯类在这些地区的规模分布。

(3)作物比较经济效益是区域种植业地区专业化分工的关键因素。在劳动力务农机会成本上升的背景下，稻谷、小麦、大豆、马铃薯、棉花、油菜等 6 种作物家庭用工劳动生产率高，具有显著的比较经济效益，在主产带作物竞争中具有优势，促进了这些作物地区专业化分工。

当前，伴随我国农村劳动力转移，劳动力务农机会成本上升对种植业地区专业化分工的影响持续发展，可能使得区域农业结构逐步向劳动生产率高的区域优势作物转移，优势作物专业化经营程度提高，区域种植业结构趋于向单一化演变。这一过程是否存在？影响因素如何？下面将对县级层面种植业结构演变态势及其影响因素进行实证分析。

第 4 章 种植业结构演变及相关因素分析

本书第 3 章分作物类型通过规模比较优势考察了我国种植业地区专业化分工状况，并分析了地区专业化分工与自然条件适宜性和经济效益的关系，发现我国种植业在近 20 年来地区专业化分工明显加强，初步形成了若干农作物主产带；单产水平比较优势、比较经济效益能在一定程度上解释种植业地区专业化分工。本章将进一步考察这一趋势在区域种植业整体结构上的表现，以揭示农业的地区专业化分工和空间集聚对土地利用/土地覆被的影响。在劳动力务农机会成本上升的背景下，农户为适应这一成本约束，会倾向于选择劳动生产率大的作物类型，作物选择于是会向区域优势作物转变，种植结构可能出现单一化现象。

本章将对这一推论进行验证，采用县级层面作物种植面积数据，对 1990—2008 年全国县级层面种植业结构时点特征、演变过程及其影响因素进行实证分析。

4.1 研究方法与数据来源

4.1.1 研究方法

(1)赫芬代尔系数(Herfindahl Index)

赫芬代尔系数(Michelini et al，1985；Fan et al，2003；贺灿飞等，2007)、赫希曼—赫芬代尔系数(Rudkevich et al，1998)、胡弗系数(白重恩，2004)、熵指数(Rachel et al，1992)、锡尔系数(Edward，2003)和基尼系数(Jacobson et al，2005；邵晖，2008)等方法均可测度区域产业结构单一化程度。本章采用含义明确且运用广泛的赫芬代尔系数来刻画区域种植业结构单一化程度，具体指某县各种作物播种面积比重的平方和。公式为：

$$H_i = \sum_{j=1}^{n} S_{ij}^2 \qquad (4\text{-}1)$$

式中：H_i 为 i 县赫芬代尔系数，S_{ij} 为 i 县 j 种作物种植面积占比。若该县种植业结构单一化程度越高，H_i 越趋近于 1；若只生产一种作物，则 $H_i=1$；若该县各种作物比重相等，则 $H_i=\frac{1}{n}$。

(2)多元线性回归模型

为定量分析县级层面种植业结构演变的相关影响因素，需要将多个影响因素作为自变量来解释种植业结构演变这一因变量的变化，可通过建立多元线性回归模型。设 Y 为因变量，X_k 为自变量，则多元线性回归模型为：

$$Y = b_0 + b_1X_1 + b_2X_2 + b_3X_3 + \cdots + b_kX_k + e \qquad (4\text{-}2)$$

式中：b_0 为常数项，b_k 为偏回归系数，e 为误差项。

4.1.2 数据来源

县级层面种植业结构分析数据仍是前述全国 2400 多个县的作物种植面积数据。种植业结构演变的相关因素分析所用的原始数据，来源于中国科学院资源环境科学数据中心(www. resdc. cn)。运用 GIS 对原始数据进行处理，获得交通的便利程度、距市场距离等相关变量值，如通过道路数据来提取县级单元单位国土面积道路里程(道路密度)。

4.2 种植业结构变化

4.2.1 县级层面种植业结构时点特征

根据式(4-1)，计算和评价了 1990 年与 2008 年两个年份的全国各县赫芬代尔系数，并据此绘制出全国县级层面种植业结构单一化程度图(图 4-1，参见彩插)。从图中可以看出，1990 年全国种植业结构单一化程度较高的县级单元主要集中连片分布在南方大部地区，包括江西大部、湖南东南部、福建西部、广东中北部、广西东部等地区，西北地区、内蒙古、吉林西部零星分布（图 4-1a）；而 2008 年种植业结构单一化程度较高的县级单元主要集中连片分布在东北地区的黑龙江、吉林、辽宁三省以及南方的江西、湖南、广西东部等部分地区，华北平原种植业结构单一化程度也较 1990 年有一定提高，南方地区高值区萎缩范围较大，福建、广东、广西等东南沿海地区种植业结构单一化程度较 1990 年显著下降（图 4-1b）。

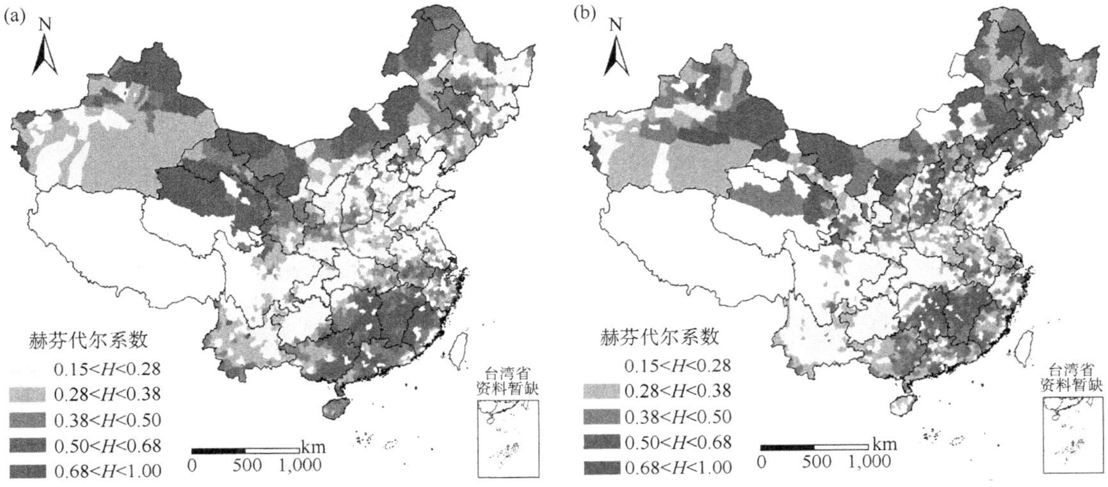

图 4-1 1990 年(a)、2008 年(b)全国县级层面种植业结构单一化程度

4.2.2 县级层面种植业结构的演变趋势

为了解 1990 年以来全国县级层面种植业结构的变化趋势，计算 2008 年和 1990 年县域赫芬代尔系数变化量，并据此绘出 1990—2008 年间全国县级层面种植业结构单一化演变图（图 4-2，参见彩插）。分析该图可知，全国种植业结构单一化程度增幅较大的县级单元主要集中分布在我国东北平原、江西北部、湖南北部、新疆南部、内蒙古中部、陕西北部、山西东部，华北平原种植业结构单一化程度也略有提高；而种植业结构单一化程度降幅较大的县级单元主要集中分布在浙江、福建、广东、广西、海南等东南沿海省份山区以及内蒙古东部、新疆北部、甘肃中部、青海东部等西北地区部分区域，西南山区的云南、四川部分区域种植业结构单一化程度略有下降。总之，1990 年以来我国县级层面种植业结构单一化演变的主要特征表现为：平原区县级单元种植业结构单一化程度提高明显，表现出向专业化演进的态势；而山区县级单元种植业结构单一化程度下降突出，呈现向多样化

演进的态势。

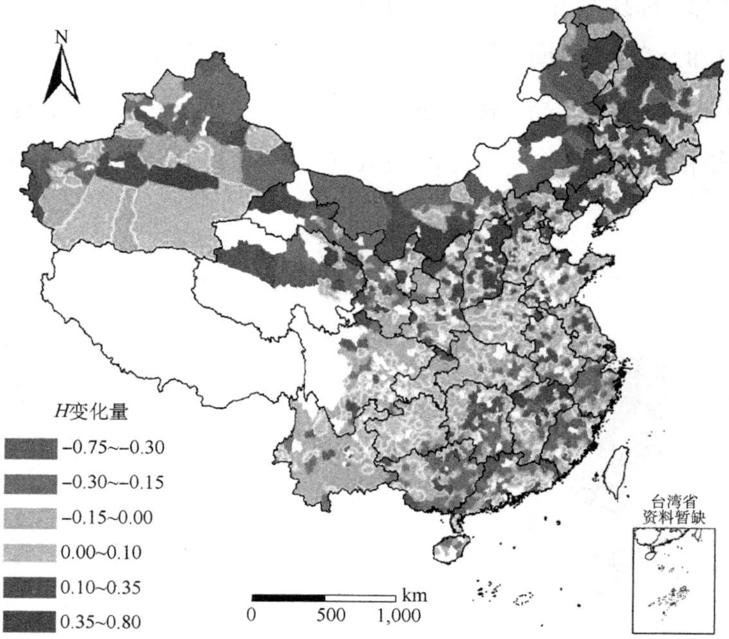

图 4-2　1990—2008 年全国县级层面种植业结构单一化演变图

4.3　种植业结构演变的相关因素分析

4.3.1　种植业结构演变与地貌类型关系

根据地貌类型将全国县级单元分为平原县、丘陵县、山区县三类，分析其在种植结构演变趋势上的区别。经统计(表 4-1)，平原县中种植业结构向专业化演变(H 变化量为正)的县个数占 62.80%，远远大于向多样化演变(H 变化量为负)的平原县个数占比(37.20%)，表明平原县种植业结构向专业化演变的可能性更高；山区县中种植业结构向专业化演变的县个数占 40.24%，小于向多样化演变的山区县个数占比(59.76%)，说明山区县种植业结构向多样化演变的可能性更高；丘陵县中种植业结构向专业化、多样化演化的县数量比重相差不大，向两方向演变的可能性几乎相同。总之，上述分析说明了地貌类型对区域种植业结构演变态势具有重要影响，平原区种植业结构倾向于向专业化方向演变，而山区种植业结构倾向于向多样化方向发展。

由于平原县、丘陵县、山区县等同一类型县内部种植业结构演变趋势并不完全一致，除受地貌因素制约外，区域专业化演变可能还受到区位条件、社会经济条件、种植业生产条件等诸多因素的影响，各因素影响程度须通过定量手段分析确定。

表 4-1 1990—2008 年县级层面种植业结构演变与地貌类型的关系(%)

据地貌划分县域类型	H 变化量为正的县占比	H 变化量为负的县占比	小计
平原县	62.80	37.20	100
丘陵县	48.51	51.49	100
山区县	40.24	59.76	100

4.3.2 定量分析

(1)变量设定与模型建立

为定量评价和分析影响县级单元种植业结构演变的相关因素，在考虑数据可获得性的基础上，选取 2400 余县级单元的截面数据，建立经典线性回归模型。模型因变量为上述各县 1990—2008 年反映种植业结构演变态势的赫芬代尔系数变化量；根据理论分析框架，自变量包括县级单元的地貌类型、区位条件、社会经济状况和种植业生产条件四类因素，模型变量选择及其说明见表 4-2。

其中，县级单元的地形崎岖程度(X_1)有平原、丘陵、山区三类，分别用 1、2、3 代替，为定序变量，可近似地视为连续变量。区位因素包括交通便利程度和距市场的距离两个自变量，交通的便利程度(X_2)用单位面积道路长度表示；距市场距离(X_3)以县级单元到其周边最近省会的距离表示。社会经济因素包含区域劳动力非农就业状况和经济发展水平两个自变量，非农就业状况用非农从业人员占比(X_4)表示，即县域农村非农从业人员数量占总劳动力比重；经济发展水平(X_5)用县级单元人均国民生产总值表示。种植业生产条件包括机械化水平与土地资源禀赋两个自变量，机械化水平用地均机械总动力(X_6)表示，即单位耕地面积农业机械总动力投入；土地资源禀赋(X_7)以农业劳动力平均耕地面积来表示。数据来源于中国科学院资源环境科学数据中心，为与因变量相对应，自变量值取 1990—2008 年间平均值。对截面数据进行标准化处理后，运用 Geoda 地统计软件对全国县级层面种植业结构演变的相关影响因素进行实证估计。

表 4-2　模型变量选择与说明

变量名称		变量类型	变量说明
因变量	H 变化量(Y_1)	连续变量	1990—2008 年间县级单元专业化指数变化量
地貌因素	地形崎岖程度(X_1)	定序变量*	平原＝1；丘陵＝2；山区＝3
区位因素	交通的便利程度(X_2)	连续变量	单位国土面积道路里程(km/km²)
	距市场距离(X_3)	连续变量	县级单元到其周边最近省会的距离(km)
社会经济因素	非农从业人员占比(X_4)	连续变量	县农村非农从业人员数量占总劳动力比重(%)
	经济发展水平(X_5)	连续变量	县人均国民生产总值(10^4元)
生产条件因素	地均农业机械总动力(X_6)	连续变量	单位耕地面积农业机械总动力投入(kW/hm^2)
	土地资源禀赋(X_7)	连续变量	农业劳动力平均耕地面积(hm^2/人)

注：* 定序变量可近似地视为连续变量。

(2)结果分析

运用最小二乘法对种植业结构演变的相关影响因素模型进行求解，得到模型自变量系数估计结果，见表 4-3。对估计结果进行拟合优度检验，其调整的判定系数$\overline{R^2}=0.803$，拟合程度较好。从表 4-3 中可以看出，自变量县地形崎岖程度(X_1)、交通的便利程度(X_2)、农业机械总动力(X_6)偏回归系数显著性 t 检验的概率 p 值分别为 0.001、0.000、0.002，小于显著性水平 $a=0.01$；自变量距市场距离(X_3)、非农从业人员占比(X_4)偏回归系数显著性 t 检验的概率 p 值分别为 0.016、0.024，小于显著性水平 $a=0.05$，均通过显著检验，这表明 X_1、X_2、X_3、X_4、X_6 等 5 个自变量对 H 变化率(Y_1)影响显著。

从各变量系数来看，县地形崎岖程度对区域种植业结构专业化演变具有负向影响(−0.126)，说明平原县种植业结构趋于向专业化演进，而山区县种植业结构趋于向多样化演变；交通的便利程度对区域种植业结构专业化演变具有正向影响(0.131)，区域道路密度越大，其种植业结构趋于向专业化演进；距市场距离对区域种植业结构专业化演变具有负向影响(−0.071)，区域距省会等大城市越近，其种植业结构趋于向专业化演进；非农从业人员占比对区域种植业结构专业化演变具有正向影响(0.068)，区域农村劳动力非农就业比例越高，其种植业结构越趋于向专业化演进；地均农业机械总动力对区域种植业结构专业化演变具有正向影响(0.092)，单位面积耕地农业机械总动力投入越大，即机械化水平越高，区域种植业结构越趋于向专业化演进。

总之，平原县平坦的地貌特点、便捷的道路交通设施、较高的机械化水平、距市场较近的区位优势以及农村劳动力较高的非农就业比例，这些因素有效促进了平原县种植业结构向专业化演变的过程；而山区县多坡地的地貌特点、相对落后的道路基础设施、较低的机械化水平、远离消费中心的区位特征以及较多的农业劳动力，这些因素都使得山区县种植业结构趋于向多样化演变。

表 4-3　种植业结构演变的相关因素模型估计结果

变量	相关系数	标准差	统计量	概率
县地形崎岖程度(X_1)	−0.126	0.037	−3.399	0.001
交通的便利程度(X_2)	0.131	0.030	4.309	0.000
距市场距离(X_3)	−0.071	0.029	−2.414	0.016
非农从业人员占比(X_4)	0.068	0.030	2.262	0.024
经济发展水平(X_5)	−0.017	0.030	−0.568	0.570
地均农业机械总动力(X_6)	0.092	0.029	−3.158	0.002
土地资源禀赋(X_7)	−0.072	0.029	−2.445	0.314

4.4　小结

本章采用赫芬代尔系数定量评价了 1990 年以来全国县级层面种植业结构特征及其演变趋势，并运用多元线性回归方法对县级层面种植业结构演变的相关影响因素进行了实证分析。基本结论如下。

(1)种植业种植结构的时点特征：1990 年全国种植业结构单一化程度较高的县级单元主要集中连片分布在南方大部地区，包括江西大部、湖南东南部、福建西部、广东中北部、广西东部等地区，西北地区、内蒙古、吉林西部零星分布；而 2008 年种植业结构单一化程度较高的地区主要集中连片分布在东北地区的黑龙江、吉林、辽宁三省，南方地区高值区萎缩范围较大，主要有江西、湖南、广西东部等部分地区。

(2)1990—2008 年种植业结构演变态势：全国种植业结构单一化程度增幅较大的县级单元主要集中分布在我国东北平原、江西北部、湖南北部、新疆南部、内蒙古中部、陕西北部、山西东部，华北平原种植业结构单一化程度也略有提高；而种植业结构单一化程度降幅较大的县级单元主要集中分布在浙江、福建、广东、广西、海南等东南沿海省份山区，以及内蒙古东部、新疆北部、甘肃中部、青海东部等西北地区部分区域，西南山区的云南、四川部分区域种植业结构单一化程度略有下降。1990 年以来我国县级层面种植业结构单一化演变的主要特征是：平原区县种植业结构单一化程度提高明显，表现出向专业化演进的态势；而山区县种植业结构单一化程度下降突出，呈现向多样化演进的态势。

(3)不同因素对县级单元种植业结构专业化演变的影响不同：县地形崎岖程度、距市场距离对区域种植业结构专业化演变具有负向影响，而交通的便利程度、非农从业人员占比、地均农业机械总动力对区域种植业结构专业化演变具有正向影响。平原县平坦的地貌特点、便捷的道路交通设施、较高的机械化水平、距市场较近的区位优势以及农村劳动力较高的非农就业比例，这些因素有效促进了平原县种植业结构向专业化演进的过程；而山区县多坡地的地貌特点、相对落后的道路基础设施、较低的机械化水平、远离消费中心的区位特征以及较多的农业劳动力，这些因素都使得山区县种植业结构趋于向多样化演变。

近年来，随着我国交通基础设施的完善、农业机械化水平的提高以及农业劳动力持续转移，全国农产品市场化程度迅速提高，区域种植业结构调整进一步深化，形成了许多专业化的农业主产地，如甘肃定西市安定区马铃薯基地、山东寿光市蔬菜基地、陕西延安市洛川县苹果基地、河北廊坊市文安县速生林基地等。下一章将以河北文安县速生杨基地为例，对专业化农业主产地的形成机制进行实证分析。

第 5 章　农业主产地形成机制的案例分析

近 20 年来,我国逐步完善的交通基础设施、快速提高的机械化水平以及乡城劳动力转移带来的农业市场化进程,促进了农业的地区专业化。而地区专业化对土地覆被或景观影响的极端形式,是区域种植业整体结构的单一化,表现为优势作物农业主产地的形成。目前全国典型的农业主产地,如甘肃定西市安定区马铃薯基地、山东寿光市蔬菜基地、陕西延安市洛川县苹果基地、河北廊坊市文安县速生林基地都是例证。

农业主产地的形成除受基础设施、机械化、劳动力转移等影响外,还可能受成本、收益、市场、政策、风险等诸多因素的影响,这些因素的影响机制如何? 本章首先简要介绍了近年来我国主要农业主产地发展的典型案例;其次,以河北省文安县速生杨基地为例,利用“3S”技术提取杨树种植规模及空间变化信息,了解这种地类变化的过程;最后分析速生杨主产地形成的影响因素及其驱动机理。

5.1　近年来我国农业主产地发展的几个典型案例

(1)甘肃定西市安定区马铃薯基地

甘肃定西市安定区马铃薯播种面积及其占总播种面积比重增长迅速(图 5-1)。1991 年该区马铃薯播种面积为 1.29 万 hm^2,到 2008 年快速增长到 6.87 万 hm^2,是 1991 年的 5.32 倍。与此同时,该区种植业作物结构变化显著,马铃薯播种面积占总播种面积比重也持续增长,从 1998 年的 22.82%增长到 2008 年的 62.30%,该区马铃薯种植面积占到了全部作物种植面积的五分之三以上。

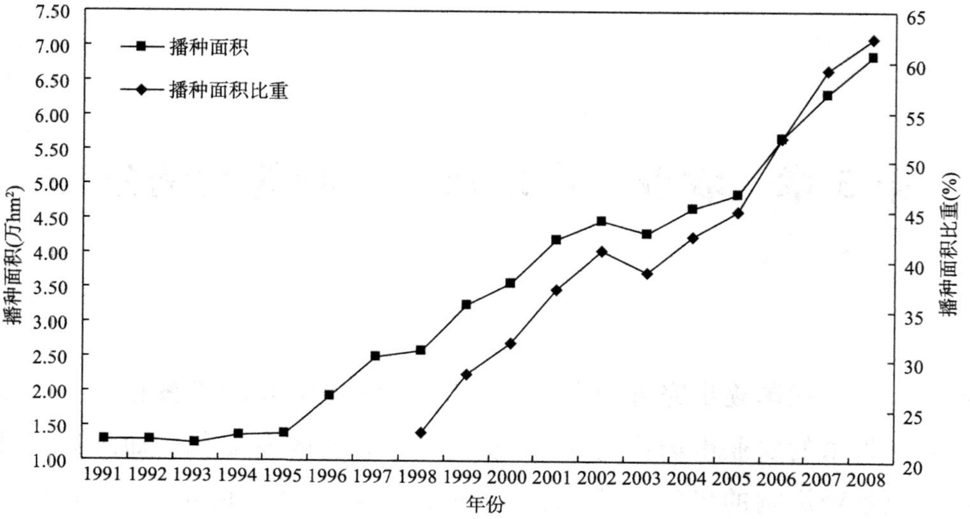

图 5-1　甘肃定西市安定区马铃薯播种面积及其比重变化

（数据来源于《甘肃农村经济年鉴(1992—2000)》、《甘肃农村年鉴(2001—2009)》）

(2)山东寿光市蔬菜基地

山东寿光市是著名的蔬菜之乡。从图 5-2 中可以看出,1992 年全市蔬菜播种面积为 1.93 万 hm²,2002 年蔬菜播种面积达到最大,为 5.79 万 hm²,2002 年后播种面积波动下降,到 2009 年蔬菜种植面积仍高达 5.13 万 hm²;1992 年该市蔬菜种植面积占农作物总播种面积的 13.58%,到 2003 年这一比例达到最大,为 45.74%,2003 年后这一比例波动下降,到 2009 年蔬菜播种面积比重为 31.12%。

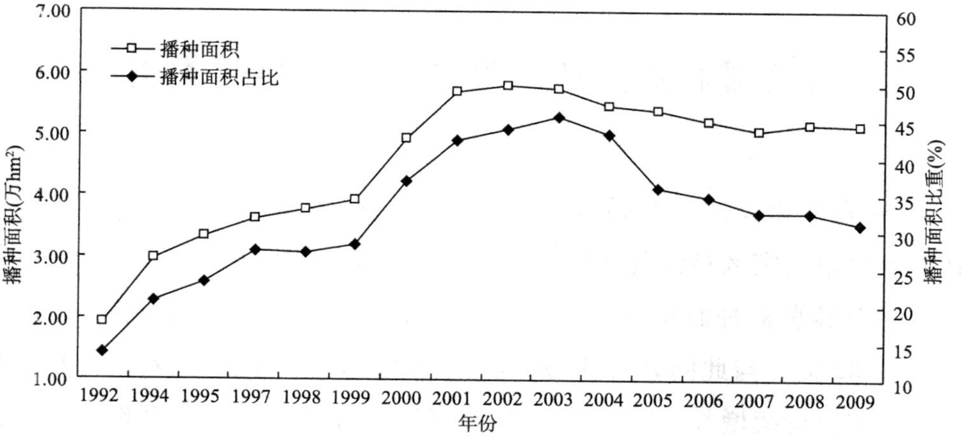

图 5-2　山东寿光市蔬菜种植面积及其比重变化

（数据来源于《山东寿光年鉴(1992—2009)》,其中 1993 年、1996 年数据缺失）

(3)陕西延安市洛川县苹果基地

延安市洛川县作为陕西苹果基地县，1990 年以来其苹果种植面积及其占土地面积比重增长迅速(图 5-3)。1990 年洛川县苹果种植面积为 0.81 万 hm^2，到 2004 年种植面积迅速增加到 3.31 万 hm^2，为 1990 年的 4 倍多，2004 年后苹果种植面积保持稳定；洛川县苹果种植面积占土地面积的比重曲线与种植面积曲线具有较好的一致性，1990 年苹果种植面积占土地面积比重为 4.48%，2004 年这一比例增至 18.36%，2004 年后这一比例保持稳定。

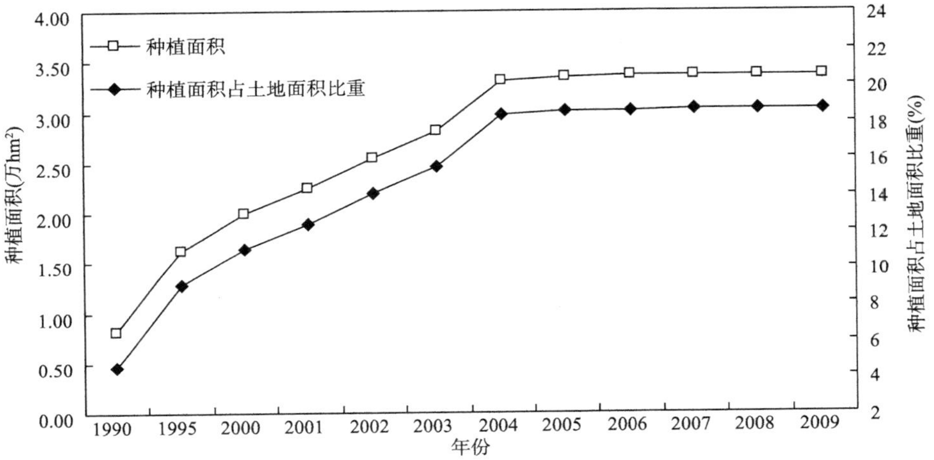

图 5-3　陕西延安市洛川县苹果种植面积及其占土地面积比重变化

(数据来源于《陕西统计年鉴(2001—2010)》)

5.2　速生杨主产地概况及数据来源

5.2.1　研究区概况

河北省文安县(38°44′17″～39°3′7″N，116°11′6″～116°44′53″E)地处华北平原北部(图 5-4)，辖区面积 1028 km^2，包括 20 个乡镇(农场或管区)。该区地势自西南向东北倾斜，最高点海拔 7.8 m，最低点海拔 2.1 m，坡降 1/5000，平坦开阔。属暖温带大陆性季风气候，年均气温 11.8℃，年均降水量 594 mm。土地资源丰富，主要作物类型有小麦、玉米、棉花、大豆等。2009 年全县人口 48.01 万人，其中农村人口 42.79 万人，占 89.13％。全县农村从业人员 20.72 万人，其中农业从业人员 7.66 万人，占 36.97％；非农从业人员 13.06 万人，占 63.03％。2009 年地区生产总值 102.67 亿元，其中第一产业产值 9.35 亿元，占 9.11％；第二产业产值 65.55 亿元，占 63.84％；第三产业产值 27.77 亿元，占 27.05％。全县人均 GDP 为 2.40 万元，农民人均纯收入 6688 元。

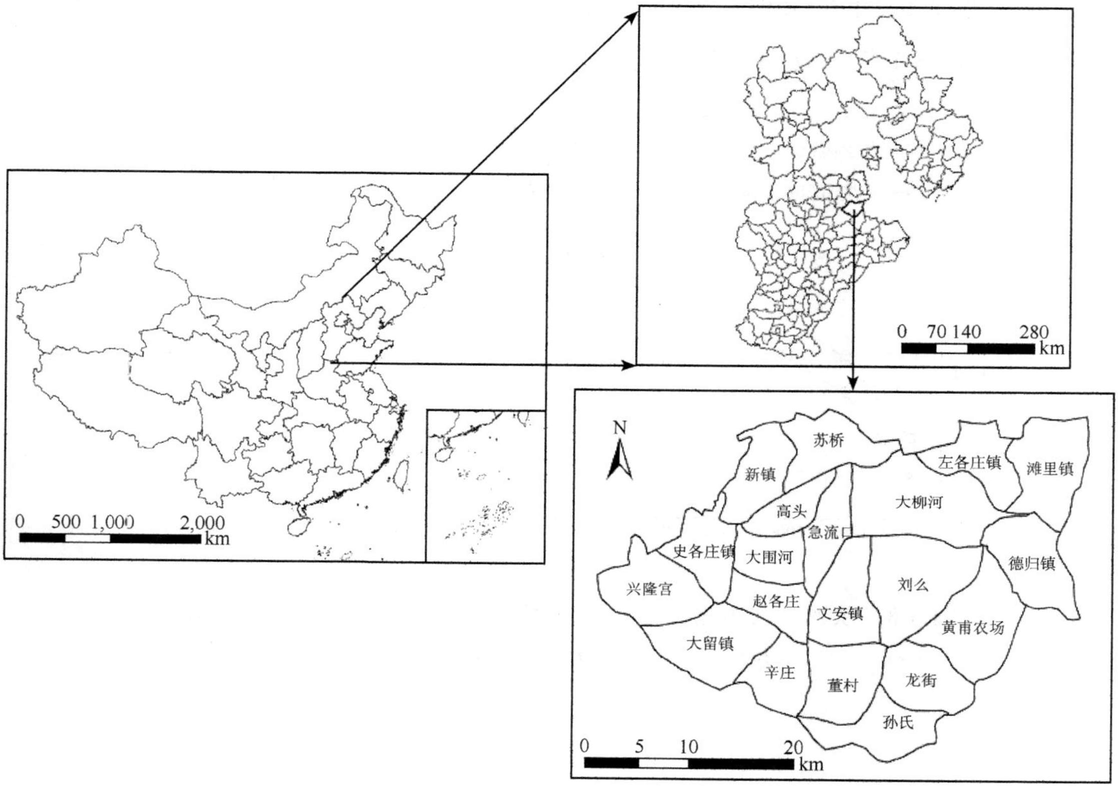

图 5-4　河北省文安县位置图

本章选取河北省文安县为案例区，主要考虑以下几点：首先文安县是位于华北平原北部的一个传统农业大县，近年来，林板加工业等产业发展迅速，为全国最大的人造板生产基地，正逐步向工业大县转变。林板加工业对木材资源依赖性较强，该县依托人造板基地，大力发展杨树速生丰产林种植，杨树面积不断扩大，资源总量迅速增加。据初步了解，平原农区适宜种植杨树的荒地资源较少，多种植在耕地上，速生杨主产地逐渐形成（图 5-5）。其次，伴随非农产业的发展，农村劳动力非农就业比率达到 63.03％，对区域速生杨主产地形成的作用显著。最后，县域内不同乡镇社会经济发展水平差异较大，乡镇农民年人均纯收入差异悬殊（如左各庄镇农民人均纯收入最高，为 9666 元；龙街管区最低，为 4056 元），利于分析不同经济水平对速生杨主产地形成的影响。

图 5-5　河北廊坊市文安县速生杨基地

(a)、(b)为成年杨树林；(c)、(d)为杨树与玉米等作物杨—粮间作

5.2.2　数据来源及预处理

(1)遥感数据与处理

为准确获取速生杨主产地杨树种植规模和空间变化信息，考虑到数据的可获取性，研究采用 1995 年和 2007 年两期 Landsat5TM 遥感影像作为数据源，由国家科技基础条件平台建设项目——地球系统科学数据共享平台(www.geodata.cn)提供。影像无云覆盖，质量良好，应用 ArcGIS9.3 和 ENVI4.7 平台进行数据处理。首先对 TM 遥感影像进行掩膜和精校正等前期处理，然后通过人机交互解译提取地类信息，并结合实地验证进行精度评价，最后对两期影像进行了空间叠置分析，提取了杨树时空变化信息。为辅助影像解译和评价其精度，研究小组进行了多次野外实地勘验，利用 GPS 定位系统对 299 个样地进行了定位、调查和记录。

(2)农户调查数据与统计数据

为分析速生杨主产地形成的原因，本研究还进行了农户调查和统计数据收集。统计数据用于速生杨主产地形成的劳动力因素分析，主要来源于《文安县经济统计年鉴》。农户调查数据用于速生杨主产地形成的经济动因分析，分别从杨树与小麦、玉米等传统大田作物种植的资金投入、产出、土地收益和劳动生产率等方面进行对比分析，探讨不同作物类型的经济效益状况。

河北省文安县的农户调查工作于 2010 年 7—8 月进行。选取样本村时在兼顾自然地理和经济发展区域差异的基础上，采用分层随机抽样法选取样本村 35 个(图 5-6)，每村选取 10 余户农户，共获取 369 户有效样本(表 5-1)。

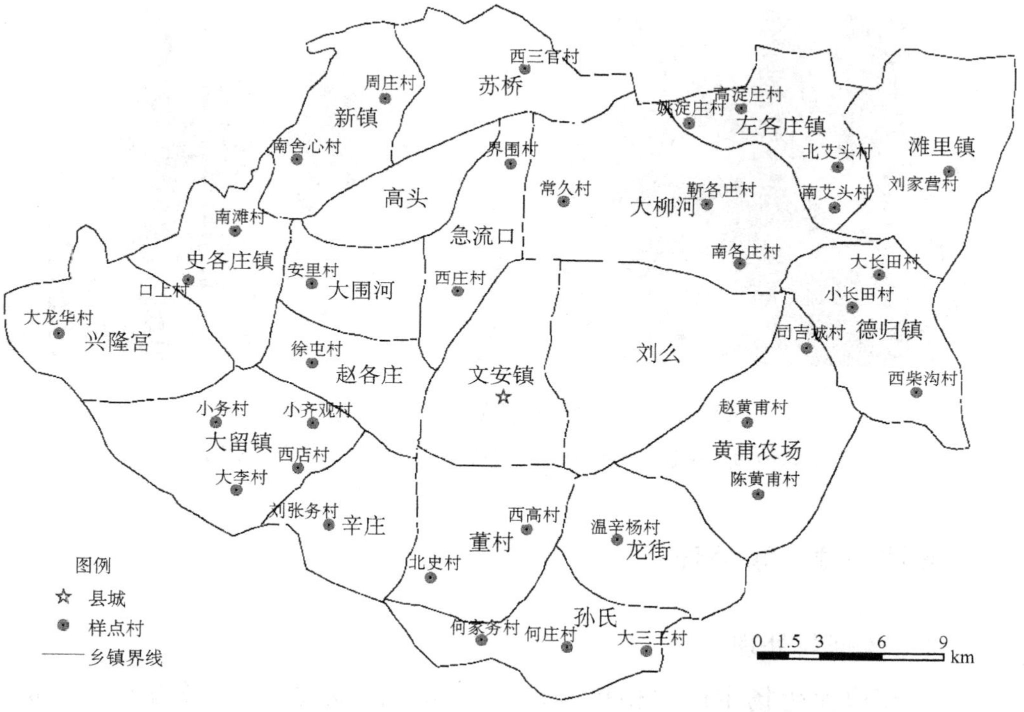

图 5-6　河北省文安县农户调查样点村分布示意图

通过参与式访谈并将数据记录在册。农户问卷调查的主要内容包括：①家庭成员基本情况，含家庭成员性别、年龄、受教育年限、从业情况、非农收入等；②土地资源禀赋情况，包括地块数量、土地面积、土地质量、土地流转状况等；③农户种植业经营情况，含大田作物、园艺作物等种植规模及出售、投入产出情况。考虑到各个影响因素与农地利用决策的因果关系以及农户决策与行为响应的滞后效应，所有数据都记录 2009 年全年数据和调查时点的现状数据。

表 5-1　河北省文安县农户调查样本统计

乡镇(管区)	村	户数
大留镇	大李村	8
	西店村	13
	小齐观村	6
	小务村	13
大柳河镇	常久村	16
	靳各庄村	10
	南各庄村	11
大围河乡	安里村	9
德归镇	大长田村	13
	西柴沟村	9
	小长田村	2
董村	北史村	11
	西高村	10
黄甫农场	陈黄甫村	9
	司吉城村	11
	赵黄甫村	11
急流口	西庄村	10
	界围村	5
龙街	温辛杨村	11
史各庄	口上村	13
	南滩村	16
苏桥镇	西三官村	13
孙氏镇	大三王村	11
	何家务村	9
	何庄村	11
滩里镇	刘家营村	10
辛庄	刘张务村	11
新镇	南舍兴村	10
	周庄村	12
兴隆宫	大龙华村	12
赵各庄	徐屯村	7
左各庄镇	北艾头村	13
	高淀庄村	11
	南艾头村	8
	姚淀庄村	14
总计		369

5.3　速生杨主产地杨树种植规模变化

5.3.1　速生杨面积提取

(1)数据集的生成

遥感图像上的植被信息，主要是通过绿色植物叶子和植被冠层的光谱特性及其差异、变化而反映的。不同的光谱通道所获得的植被信息，与植被的不同要素或某种特征状态有各种不同的相关性。植被指数就是利用光谱通道之间的组合计算，来实现对植物状态信息的定量表达(赵英时，2003；田庆久等，1998)。由于可见光红波段(TM_3)受植被叶绿素等色素含量控制、近红外波段(TM_4)受植被叶内细胞结构控制、短波红外波段(TM_5)受植被叶细胞内水分含量控制，因此，本书选取 TM 影像中 TM_3、TM_4 和 TM_5 三个波段，生成比值植被指数(Ratio Vegetation Index，RVI；$RVI=TM_4/TM_3$)、归一化植被指数(Normalized Difference Vegetation Index,NDVI;$NDVI=(TM_4-TM_3)/(TM_4+TM_3)$)、冠层植被指数(Canopy Vegetation Index,CVI;$CVI=(TM_4-TM_5)/(TM_4+TM_5)$)和综合效应植被指数(徐瑞松等,2003)(Multi-Vegetation Index,MVI;$MVI=[TM_4-(TM_3+TM_5)]/[TM_4+(TM_3+TM_5)]$)四种植被指数,用于植被信息的提取。

主成分变换是一种去除多光谱波段之间冗余信息,将多波段影像信息压缩少数几个转换波段的方法,经过主成分变换后,使处理的数据量大为减少(赵英时,2003)。主成分是对原波段进行线性变换得来的,研究中计算原波段之间的协方差矩阵后,求出协方差矩阵的特征值和特征向量(表 5-2)。从表 5-2 分析得出,前三个主成分 PCA_1、PCA_2 和 PCA_3 的特征值之和为 912.20,占到全部特征值的 99.02%,几乎包含了原波段的全部信息,能有效放大各地类光谱差异。

表 5-2 主成分变换特征向量及特征值

特征向量	TM_1	TM_2	TM_3	TM_4	TM_5	TM_7	特征值
PCA_1	−0.277374	−0.208638	−0.342325	−0.134361	−0.675972	−0.536056	820.220504
PCA_2	−0.298833	−0.197134	−0.190037	−0.783727	0.065948	0.465989	55.540073
PCA_3	−0.527660	−0.312395	−0.479999	0.469599	0.410840	0.065366	36.437961
PCA_4	0.078888	−0.034702	−0.112726	0.372026	−0.593313	0.699601	4.394857
PCA_5	0.713772	−0.141400	−0.666386	−0.085212	0.133792	−0.036096	3.796746
PCA_6	−0.199105	0.893767	−0.399403	−0.039128	−0.001521	0.021946	0.790237

利用 TM 影像原始 6 个波段和提取的 4 个植被指数波段,以及提取的前三个主成分分量,构成新的波段数据集(表 5-3)。

表 5-3 波段序号与波段名称

波段序号	波段名称	波段序号	波段名称
1	TM_1	8	NDVI
2	TM_2	9	CVI
3	TM_3	10	MVI
4	TM_4	11	PCA_1
5	TM_5	12	PCA_2
6	TM_7	13	PCA_3
7	RVI		

(2)图像优化组合

为对研究区影像进行初步分类,运用 Chavez 提出的最优指数法(Optimum Index Factor,OIF)(式(5-1))(Pohl,1996)优选假彩色合成影像波段,以生成最优的假彩色合成方案。

$$OIF = \sum_{i=1}^{3}\sigma_i / \sum_{j=1}^{3} |cc_j| \tag{5-1}$$

式中：σ_i 为第 i 波段标准差，cc_j 为三波段组合中两波段间相关系数。

对于 n 波段数据集，首先计算各波段的标准差和波段间相关系数，再按式(5-1)计算所有可能的波段组合的 OIF。OIF 越大，意味着该波段组合所含信息量大，即各波段标准差大，而波段间相关性小，波段组合最优。

从 13 个波段中选取 3 波段合成假彩色影像，共有 286 种波段组合方案，为了减小 OIF 值计算量，根据各波段间相关系数(表 5-4)，依据各组内波段相关性较大、组间相关性小的分组原则，把 13 波段分成 8 组，分别是：1、2、3 波段；4 波段；5、6 波段；7、8 波段；9、10 波段；11 波段；12 波段；13 波段。分组后波段组合方案共有 221 种，根据式(5-1)分别计算各波段组合 OIF 值并排序，表 5-5 为 OIF 值排序前 45 位的波段组合。由于 11、12、13 波段为三个主成分分量，其相关系数小，故含三者的波段组合 OIF 值较大。

从表 5-5 中可以看出，3、4、5、6、9、11、12 和 13 波段在波段组合中具有重要的作用，反映了红光(TM_3)、近红外(TM_4)、中红外波段(TM_5)、冠层植被指数(CVI)和三主成分量(PCA_1、PCA_2、PCA_3)在信息提取中具有优势。红光、近红外、中红外波段是提取植被信息的常用波段，反映了植物的地理边界、生物量和水分含量的差异，冠层植被指数能够有效区分杨树和果树等植被的冠层差异，成年杨树树冠厚度大，果树树冠厚度相对较薄。

(3)地类划分与训练区生成

对优选出的波段组合进行假彩色影像合成，通过目视解译，结合野外地类调查，获取初步分类成果。考虑到研究区树种结构单一，主要以杨树林和果树等人工经济林木为主的实际，本书在侧重提取杨树林遥感信息前提下，兼顾其他地类遥感分类的需要，最终将文安县地物类型划分为：杨树林地、园地、耕地、建设用地(包括城乡居民用地、道路等人工构筑物)、水域五类。

地类训练区(端元)的选取是图像识别提取分析的基础。为有效提取各地类训练区，首先将以上 13 个波段进行主成分分析，然后提取前两个主成分分量的散点图，在散点图中选取像元较纯净的边缘顶点或拐角处后，对每一地类的训练样本，显示和检查其直方图，统计样本像元的均值、方差，剔除方差较大的样本像元，最后生成五种地类样本训练区(端元)。

表 5-4　各波段相关系数矩阵

cc_j	1	2	3	4	5	6	7	8	9	10	11	12	13
1	1.000000	0.966968	0.949013	0.506898	0.827268	0.798670	−0.668503	−0.673350	−0.595349	−0.644705	−0.887026	−0.248678	−0.355661
2		1.000000	0.979926	0.531674	0.868522	0.836072	−0.689275	−0.692691	−0.628850	−0.673876	−0.920573	−0.226342	−0.290523
3			1.000000	0.478784	0.892892	0.875830	−0.748443	−0.753035	−0.696066	−0.739706	−0.941703	−0.136035	−0.278309
4				1.000000	0.522906	0.342189	0.193936	0.209028	0.088343	0.141511	−0.507049	−0.769625	−0.373521
5					1.000000	0.963355	−0.616309	−0.607288	−0.791022	−0.744660	−0.989486	0.025120	0.126755
6						1.000000	−0.719324	−0.719006	−0.868184	−0.836940	−0.970838	0.219609	0.024952
7							1.000000	0.988395	0.859240	0.946158	0.674326	−0.415636	0.545099
8								1.000000	0.850131	0.940151	0.670682	−0.422259	0.574819
9									1.000000	0.977101	0.787108	−0.559352	0.103691
10										1.000000	0.766398	−0.525824	0.292057
11											1.000000	0.000000	0.000000
12												1.000000	0.000000
13													1.000000

表 5-5　波段组合 *OIF* 值与排序

波段组合	*OIF*	排序	波段组合	*OIF*	排序	波段组合	*OIF*	排序
5、12、13	217.64028	1	3、5、12	35.50950	16	3、5、13	27.74558	31
6、12、13	119.81643	2	1、11、13	35.11059	17	4、5、11	27.62833	32
3、12、13	57.68119	3	3、11、13	34.75264	18	3、6、13	27.36078	33
5、11、12	54.85600	4	4、11、12	34.21476	19	3、6、12	27.34689	34
6、11、13	50.70286	5	7、11、12	33.30325	20	9、11、12	26.85842	35
5、11、13	48.59263	6	8、11、12	33.09074	21	4、7、11	26.49280	36
4、11、13	47.99727	7	10、11、13	32.81951	22	1、5、13	26.38590	37
6、11、12	43.60172	8	1、5、12	32.67137	23	4、5、12	26.26402	38
4、6、13	39.74685	9	4、5、13	32.43868	24	4、9、11	26.25703	39
1、11、12	39.66492	10	2、11、13	32.25639	25	4、8、11	26.17815	40
3、11、12	39.06561	11	2、5、12	29.91878	26	1、6、13	26.12223	41
9、11、13	39.00728	12	7、11、13	28.60622	27	5、7、12	25.75527	42
2、12、13	38.65560	13	4、6、11	28.59336	28	5、8、12	25.68768	43
1、12、13	37.13893	14	10、11、12	27.97825	29	4、10、11	25.64788	44
2、11、12	36.41890	15	8、11、13	27.90050	30	1、6、12	25.43231	45

(4)提取结果与精度评价

监督分类包含平行算法、最小距离法、最大似然法等多种分类算法。本书通过多次试验，比较不同监督分类算法提取结果的分类精度后，选取最大似然算法(Maximum Likelihood Classification，MLC)提取各地类面积。其在本书提取的 5 种地类样本训练区，在剔除方差较大的样本像元后，符合正态分布的假设，满足最大似然算法分类的前提要求。由于研究区杨树地块破碎分布，因此，运用最大似然算法分类后直接统计各地类像元数量及其占比，最后乘以文安县版图面积得出各地类面积。为评估分类结果的准确度和有效性，运用验证点对分类结果进行了检验。

结果分析与评价显示：最大似然算法提取的 2007 年杨树林地像元占 10.95%，面积为 11259.84 hm^2，杨树林地空间分布如图 5-7 所示(参见彩插)；分类精度评价结果如表 5-6 所示。从表 5-6 可知，杨树林地面积的生产者精度和用户精度分别为 84.07% 和 93.14%，总分类精度为 83.28%，Kappa 系数为 76.92%，分类效果较好。同时，根据野外实地踏勘发现，园地存在过分类现象，部分杨树林地错分为园地，因此，园地面积可能偏大，而杨树林地面积可能偏小。

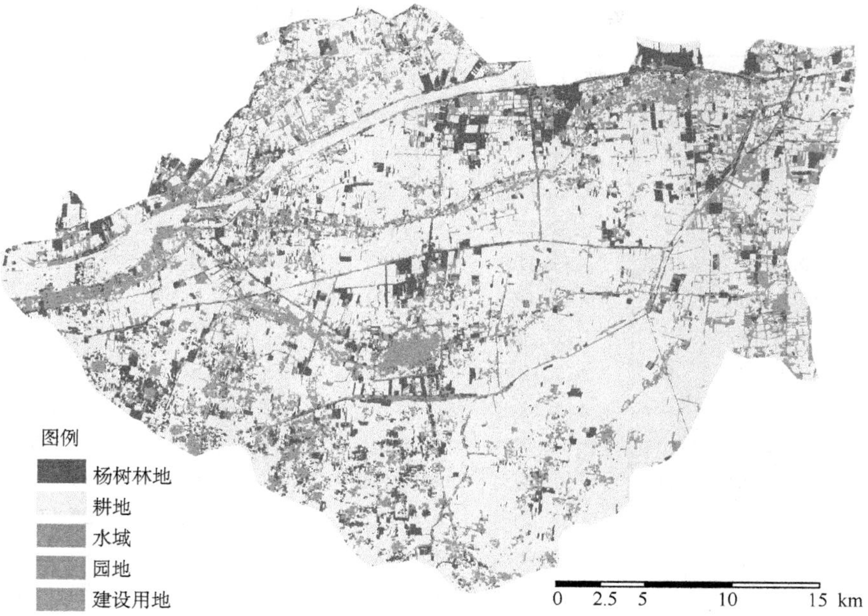

图 5-7　最大似然法提取各地类分布图

表 5-6　最大似然法分类结果误差矩阵及精度

地物类型	杨树林地	耕地	水域	园地	建设用地	行数和	生产者精度(%)
杨树林地	95	5	2	8	3	113	84.07
耕地	6	78	1	2	12	99	78.79
水域		1	18			19	94.74
园地	1	2		13		16	81.25
建设用地		7			45	52	86.54
列数和	102	93	21	23	60	299	
用户精度(%)	93.14	83.87	85.71	56.52	75.00		
	总分类精度:83.28%				Kappa 系数:76.92%		

5.3.2　速生杨时空变化

(1)区域土地利用变化

①土地利用变化幅度

为了解 1995—2007 年间研究区速生杨主产地杨树种植规模,须对区域土地利用变化进行分析。按照上述杨树解译方法,对 1995 年和 2007 年的两期 TM 影像进行解译,获取各土地类型变化信息(表 5-7)。由表 5-7 可以看出:1995 年杨树林地面积仅为 242.99 hm^2,占全县土地总面积的 0.24%,2007 年杨树林地面积大幅增加，为 11259.84 hm²，占土地总面积的 10.95%，12 年间净增加 11016.85 hm²，杨树面积净增量是基期面积的 4533.83%，达 45 倍多。此外，12 年间耕地和水域面积分别减少 24689.44 hm²、2136.51 hm²，减少比例各为 26.28%、54.11%，耕地减少量超过基期面积的四分之一，水域面积减少到不足基期面积的一半。12 年间园地、建设用地各增加了 1924.01 hm²、13885.09 hm²，增加比例各为 2129.94%、304.79%，园地增加迅速，为基期面积的 21 倍多，建设用地也增加了 3 倍多。

表 5-7　1995—2007 年文安县土地利用变化幅度

土地利用类型	1995 年土地分类面积		2007 年土地分类面积		1995—2007 年变化幅度	
	面积(hm²)	比例(%)	面积(hm²)	比例(%)	净增量(hm²)	净增比例(%)
杨树林地	242.99	0.24	11259.84	10.95	11016.85	4533.84
耕地	93962.70	91.40	69273.26	67.39	−24689.44	−26.28
水域	3948.41	3.84	1811.91	1.76	−2136.51	−54.11
园地	90.33	0.09	2014.34	1.96	1924.01	2129.94
建设用地	4555.56	4.43	18440.65	17.94	13885.09	304.79
总计	102800.00	100.00	102800.00	100.00		

②土地利用变化速度

研究期内各类土地的年变化率为：杨树林地最大，为 377.82%；园地次之，为 177.50%；建设用地年变化率为 25.40%；水域年变化率相对较小，为−4.51%；虽然耕地净减少量最大，但由于基期面积很大，其年变化率最小，为−2.19%。

由上述分析可见，1995—2007 年文安县土地利用变化的主要特点是杨树林地的大幅度迅速扩张和耕地面积的大幅度缩减，而是否存在耕地上大量种植杨树的现象，还需要分析土地利用类型的转移特征。

(2)土地利用类型的转移

对文安县两期遥感影像解译数据进行空间叠置分析，统计出该县 12 年间土地利用类型的转移情况(表 5-8)。从表 5-8 可以看出：1995—2007 年间发生土地类型转移的斑块占该县总土地面积的 33.54%。其中，耕地转化为建设用地的面积最大，为 15494.55 hm²，占该县面积的 15.07%；耕地转化为杨树林地面积居于次位，为 10217.54 hm²，占该县面积的 9.94%；其他土地利用变化类型的面积相对较小。

表 5-8　1995—2007 年文安县土地利用类型的转移情况

土地利用变化类型	面积(hm²)	占全县土地面积的比例(%)
土地利用未发生变化	68322.26	66.46
耕地转化为建设用地	15494.55	15.07
耕地转化为杨树林地	10217.54	9.94
建设用地转化为耕地	1973.96	1.92
耕地转化为园地	1718.52	1.67
水域转化为耕地	1687.53	1.64
耕地转化为水域	994.35	0.97
水域转化为建设用地	897.10	0.87
水域转化为杨树林地	595.06	0.58
建设用地转化为杨树林地	339.03	0.33
其他变化类型	560.10	0.54
总计	102800	100

(3)杨树种植占地的空间分布

1995—2007 年杨树林地变化的空间分布如图 5-8 所示(参见彩插)。12 年间有 11166.89 hm^2的其他地类转化为杨树林地,其中,转为杨树林地的耕地面积为 10217.54

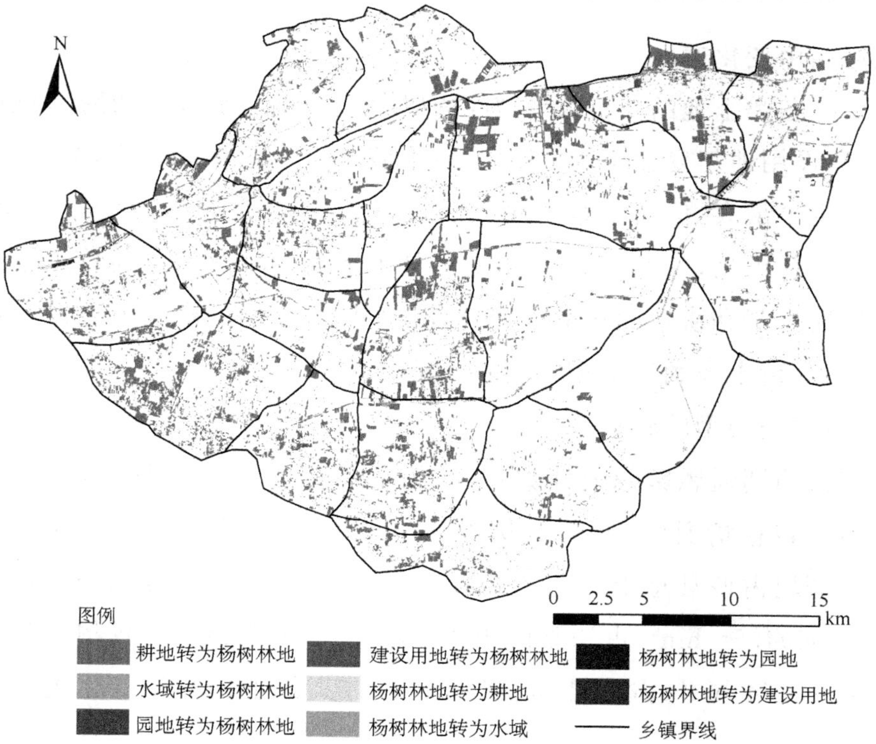

图 5-8　1995—2007 年文安县杨树林地变化

hm^2，占新增杨树林地面积的 91.50%；其次，水域、建设用地、园地转为杨树林地面积分别为595.06 hm^2、339.03 hm^2和 15.26 hm^2，三者仅占新增杨树林地面积的 8.50%。有 150.04 hm^2杨树林地转化为其他地类，其中，67.08 hm^2杨树林地转为耕地，占 44.71%；转为建设用地、园地、水域三种地类的杨树林地面积各为 43.56 hm^2、36.38 hm^2和 3.02 hm^2，分别占 29.03%、24.25%和 2.01%。

总的来说，12 年间文安县速生杨主产地杨树林地净增加 11016.85 hm^2，其中占用耕地 10150.45 hm^2，占杨树林地净增量的 92.14%(表 5-9)，占文安县土地面积的 9.87%。从各乡镇杨树种植占用耕地情况看，大柳河杨树种植占用耕地 1177.49 hm^2，居于第一位；大留镇杨树种植占用耕地 1038.28 hm^2，居于次位；而杨树种植占用耕地面积最小的是黄甫农场，面积仅为 150.77 hm^2；所有乡镇杨树净增量来源于耕地的比例超过 80%(表 5-9)。这说明文安县杨树种植所需的土地资源主要来源于耕地，速生杨主产地逐步形成。

表 5-9　1995—2007 年文安县各乡镇新增杨树占用耕地情况

乡镇	杨树林地(1995—2007 年) 净增量(hm^2)	占用耕地面积(hm^2)	来源于耕地比例(%)	乡镇	杨树林地(1995—2007 年) 净增量(hm^2)	占用耕地面积(hm^2)	来源于耕地比例(%)
大柳河	1285.86	1177.49	91.57	苏桥	420.21	399.89	95.16
大留镇	1068.2	1038.28	97.20	孙氏	360.78	344.08	95.37
文安镇	1008.37	944.25	93.64	德归镇	318.99	297.68	93.32
左各庄镇	1018.63	881.72	86.56	赵各庄	328.98	292.80	89.00
董村	763.65	726.05	95.08	大围河	338.91	276.02	81.44
滩里镇	795.38	717.03	90.15	刘么	291.54	238.04	81.65
兴隆宫	655.9	675.76	103.03	急流口	232.47	212.60	91.45
史各庄	592.97	543.87	91.72	高头	206.81	184.20	89.07
辛庄	482.7	456.00	94.47	龙街	185.89	179.09	96.34
新镇	474.62	414.83	87.40	黄甫农场	185.98	150.77	81.07
				总计	11016.85	10150.45	92.14

(4)杨树种植规模的区域差异测度

为了满足下文速生杨主产地形成机制分析的需要，同时，也为直观地评价杨树主产地规模的区域差异，拟运用土地利用类型相对变化率指数来测度文安县杨树规模的区域差异。朱会义等(2001)、王秀兰等(1999)分别提出了单一土地利用类型相对变化率、土地利用变化区域差异指数模型来测度区域土地利用类型变化

的区域差异。单一土地利用类型相对变化率表示为：$R=\frac{|S_{t2}-S_{t1}|}{S_{t1}}/\frac{|A_{t2}-A_{t1}|}{A_{t1}}$，土地利用变化区域差异模型表示为：$R=\frac{S_{t2}}{S_{t1}}/\frac{A_{t2}}{A_{t1}}$。两式中 S_{t1}、S_{t2} 分别为研究区内次级区域某一土地利用类型研究期初、研究期末的面积；A_{t1}、A_{t2} 分别为研究区全部范围内某一土地利用类型研究期初、研究期末的面积。

上述模型中都涉及区域某一土地利用类型研究期初的面积，且对于区域某一土地利用类型研究期初面积为零的情形不能有效地度量。因此，针对部分乡镇1995 年杨树林地面积为 0 的情形，本书构建了新的区域某一土地利用类型变化的区域差异指数模型，即某一土地利用类型相对变化率指标，可用下式表示为：

$$R_i=\frac{|\Delta S_i|}{S}/\frac{|\Delta A_i|}{A}\quad (i=1,2,3,\cdots,n) \tag{5-2}$$

式中：ΔS_i 为研究区内次级区域某一土地利用类型研究期间增减的面积，S 为研究区次级区域界限范围内面积，ΔA_i 为整个研究区某一土地利用类型研究期间增减的面积，A 为整个研究区界限范围内的面积，i 为区域某一种土地利用类型。

如果次级区域某一土地利用类型相对变化率 $R_i=1$，表明该次级区域这种土地利用类型变化速率与全区域变化速率相同；若 $R_i>1$，则表明该次级区域这种土地利用类型变化速率较全区域变化速率大；若 $R_i<1$，则表明该次级区域这种土地利用类型变化速率较全区域变化速率小。

根据式(5-2)，计算出文安县 20 个乡镇杨树林地相对变化率，如表 5-10 所示。由表中可以看出：文安县杨树林地规模扩张存在明显的区域差异，有 11 个乡镇的 R 值大于 1，其杨树林地相对变化率超过文安县平均变化速率，有 9 个乡镇的 R 值小于 1，其杨树林地相对变化率均低于文安县平均变化速率；左各庄镇杨树林地相对变化率最大，为 2.22，该镇杨树扩张速度最快；黄甫农场数量相对变化率最小，为 0.24，其杨树扩张速度最慢。各乡镇杨树扩张速率的有效测定，有利于定量分析劳动力非农就业和收入水平对速生杨主产地杨树规模扩张的影响。

表 5-10　1995—2007 年文安县乡镇杨树林地相对变化率

乡镇	R	乡镇	R
左各庄镇	2.22	新镇	1.02
文安镇	1.80	赵各庄	0.92
大留镇	1.59	苏桥	0.82

续表

乡镇	R	乡镇	R
董村	1.38	孙氏	0.72
史各庄	1.34	高头	0.70
大柳河	1.24	急流口	0.61
辛庄	1.21	德归镇	0.53
滩里镇	1.17	龙街	0.37
兴隆宫	1.05	刘么	0.34
大围河	1.03	黄甫农场	0.24

5.4 速生杨主产地形成机制

速生杨主产地的形成是微观层面农户作物类型选择决策的结果。而农户作物类型选择决策是农户在社会经济形势和政策等宏观因素与土地特性、农户特征等微观因素约束下，合理配置土地、资本和劳动力等资源，实现家庭效用最大化目标的过程。

5.4.1 杨树种植决策的影响因素分析

农户种树决策行为受土地资源禀赋、风险偏好、劳动力等农户自身资源特征、政策、市场等因素的共同影响(图 5-9)。从土地特性因素看，文安县地势平坦，自然地理环境分异不显著，区域土地杨树种植适宜性较好。然而，在相似的自然地理背景下，文安县各乡镇杨树规模扩张的速率却高低不同(表 5-10)。这说明杨树规模扩张主要受区域社会经济政策等人文因素驱动。近十年来，生产要素市场、土地产品市场和政策因素的综合作用可能导致了文安县杨树规模扩张及主产地的形成。

从土地产品市场看，1997 年前后我国粮食产量达到 5 亿吨，粮食供大于求，粮食价格持续走低，而林木市场却需求旺盛，2007 年上半年杨木价格曾一度达到 1350 元/m^3，粮食等农产品和杨木价格在市场上的不同走向，有利于文安县杨树迅速扩张，而粮食作物播种面积下降。从劳动力、农资和土地等生产要素市场看，近年来，由于当地钢铁厂、板材加工厂、塑料厂、线缆厂等企业提供的非农就业机会增多，且经济收益高，大量农村剩余劳动力转移到非农产业，造成农业劳动力相对短缺，而杨树种植耗工少，适应了农业劳动力不足的现状；此外，杨树种植方式相对粗放，尽管农资价格不断上涨，但农资投入量少，具有比较优势；而耕地租赁现象普遍存在，土地流转后有利于杨树规模经营。从政策因素看，政府大力推行退耕还林、绿色通道、速生丰产用材林基地等工程，给予树苗补助、资金补助等政策激励；鼓励农户进行农业结构调整，提高农民收入。这些因素可能是改变农户土地利用的预期收益，促进在耕地上种植杨树及速生杨主产地形成的主要因素。

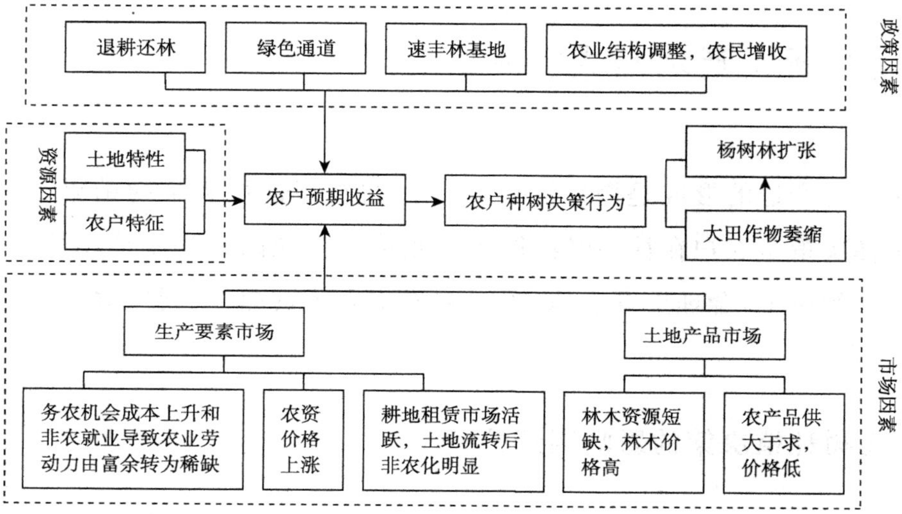

图 5-9　河北省文安县农户杨树种植决策的影响因素分析

5.4.2　农业劳动力非农就业对杨树扩张的影响

为了定量分析农村劳动力非农就业和收入水平对速生杨主产地杨树规模扩张的影响程度，采用《文安县经济统计年鉴》（文安县统计局，1995—2007）截面数据，选取文安县 20 个乡镇杨树林地相对变化率为因变量（Y）（表 5-10），非农从业人员比率（X_1）、农民年人均纯收入（X_2）为自变量。自变量取 1995—2007 年间均值，对变量进行标准化后进行回归分析，回归方程如下：

$$Y = 0.457X_1 + 0.514X_2 - 7.35 \times 10^{-16} \tag{5-3}$$

从式(5-3)分析得出，自变量非农从业人员比率（X_1）、农民年人均纯收入（X_2）与因变量杨树林地相对变化率（Y）呈正相关关系，偏回归系数分别为 0.457、

0.514。对该方程进行拟合优度检验，其调整的判定系数$\overline{R^2}=0.777$，回归方程对样本数据拟合程度较好。经显著性检验，两自变量 X_1、X_2 回归系数显著性 t 检验的概率 p 值分别为 0.026、0.015，小于显著性水平 $a=0.05$，通过显著性检验。该公式说明乡镇非农从业人员比率越大，农民年人均收入越高，该乡镇杨树林地相对变化率越大，杨树种植规模扩张速度越快。表明劳动力非农就业对杨树扩张及主产地的形成产生的影响是显著的。

5.4.3　杨树种植与农作物经营的经济效益比较

经济因素是土地利用变化的重要驱动力(李平等,2001;徐勇,2005)。农户种树决策追求经济效益，以增加家庭收入为目的(Salam et al,2000;刘巽浩,2005;Muhammad et al,2006;刘乃全等,2009)。作为独立经济主体，农户是根据不同作物类型投入产出的判断，选择最优土地利用方式和作物类型。因此，对不同作物类型进行经济效益评价是解释杨树种植规模扩张及主产地形成的重要途径之一。

利用农户问卷调查数据，本章计算了杨树和小麦、玉米、棉花等大田作物投入产出状况(表 5-11)。从杨树和大田作物收益来看，2009 年文安县种植棉花每公顷纯收益最大(指总收益扣除物质投入、雇工成本后的收益)，达到 7416.39 元，大豆、玉米、杨树种植每公顷纯收益依次减少，分别为 7324.52、6846.21、5250.00 元，小麦种植每公顷纯收益仅为 1442.85 元，在所有种植作物中收益最小。虽然种植杨树的收益不是最大，但是从劳动生产率来看，杨树种植由于耗工较少，劳动生产率最大，高达 350 元/日，远高于大田作物劳动生产率，具有较高的比较效益。若考虑部分种植杨树的耕地属于退耕还林等工程实施范围，政策性资金补贴使得劳动生产率较大的杨树种植的经济效益比较优势更加突出。上述分析说明，杨树的经济竞争力显著高于小麦、玉米、棉花、大豆等大田作物，其在农户土地利用决策中居于优势地位，杨树种植是区域农地的优势用途。因此，在农业劳动力由富余转为相对稀缺的情况下，农户为提高经济效益，倾向选择劳动生产率较大的作物类型，这从经济层面上解释了近年来文安县杨树种植规模扩张及其主产地形成的现象。

表 5-11 2009 年河北省文安县杨树与大田作物投入产出状况

项目	单位	杨树	小麦	玉米	棉花	大豆
资金投入	元/hm^2	4387.50	7587.31	5065.60	9279.54	3388.00
种子(苗)	元/hm^2	300.00	852.93	450.32	444.18	488.95
农药	元/hm^2	300.00	362.46	334.35	2146.61	388.93
化肥	元/hm^2	3337.50	3971.92	3084.92	2563.75	1871.88
机械	元/hm^2	150.00	1500.00	1050.00	600.00	533.25
灌溉	元/hm^2	300.00	900.00	90.00	375.00	75.00
地膜	元/hm^2	0.00	0.00	0.00	450.00	0.00
雇工成本	元/hm^2	0.00	0.00	56.00	2700.00	30.00
产出	元/hm^2	9000.00	8392.66	11274.30	16058.43	10075.02
产量	m^3、kg/hm^2	15.00	4371.18	7427.84	2760.37	2418.75
单价	元/m^3、kg	600.00	1.92	1.52	5.82	4.17
补贴收入	元/hm^2	637.50	637.50	637.50	637.50	637.50
劳动投入	工日/hm^2	15.00	78.00	94.50	195.00	114.00
收益	元/hm^2	5250.00*	1442.85	6846.21	7416.39	7324.52
劳动生产率	元/日	350.00	18.50	72.45	38.03	64.25

注:杨树成材期一般为 5～8 年,表中以 7 年为生长周期计算;杨木价格波动较大,2007 年全球经济危机发生前价格最高为 1350 元/m^3,经济危机发生后最低为 350 元/m^3,若以最高、最低价格的平均值 850 元/m^3 计算杨树收益,由于最高价格出现的次数较少,所以该平均值明显偏大,应以价格中的众数 600 元/m^3 更为合适;* 指种植杨树的每公顷土地收益没有包含杨树生长周期前 1～2 年所种植的间作作物的收益和退耕还林、绿色通道、速丰林基地等工程实施的政策性资金补贴收益。

5.4.4 促发机制与政府行为

适宜的自然地理环境和良好的区位是速生杨主产地形成的基本条件,经济因素是速生杨主产地形成的重要驱动力,但速生杨主产地的形成还受偶然促发因素、政府政策与行为等因素的影响。

偶然促发因素是起点,文安县速生杨主产地偶然的促发机制是 20 世纪 80 年代初部分农民企业家建立人造板加工厂。据不完全统计,截至 2002 年文安县已有板材加工企业 813 家,从业人员近 5 万人,生产的产品有胶合板、刨花板、纤维板、细木工板、装饰贴面板 5 大类,有上百个品种。年产量约 536 万 m^3,年产值达 56.45 亿元(高柏成等,2004)。板材加工企业的发展对木材原料的需求增长,使得部分群众开始种植杨树,由于杨树种植劳动生产率高,种植规模迅速扩张,主产地初步形成。

政府在杨树种植的产权归属、土地资源保障、种苗培育、技术推广、病虫害防治、金融服务、市场建设、市场风险防范等方面发挥协调和组织作用。

国家退耕还林政策、京津风沙源治理工程在文安实施，一定程度促进了杨树种植；1998 年文安县出台了《文安县拍卖宜林路、渠、荒地使用权的实施办法》（文政 44 号），明确规定了拍卖的目的、范围、年限等，谁造林，谁拥有，激发了农户种植速生杨的积极性，也缓解了杨树种植的土地资源约束。1999 年文安县被列为京九绿色长廊示范县，采取了以下措施：林权拍卖，由集体统一绿化后，按每株成本价拍卖给群众，收益全部归自己；大户、联户承包造林（国家林业局，1999）。在林地产权制度改革方面，明晰所有权、使用权，落实处置权，确保收益权，逐步建立"产权归属明晰、经营主体到位、责任划分明确、利益保障严格、流转顺畅规范、监管服务到位"的产权制度，在不改变林地集体所有性质，不改变林地用途，不损害农民林地承包权益的前提下，林农可依法自愿有偿流转承包经营权和林地所有权，可以转包出租、转让，可以相互入股、抵押，也可以作为出资、合作条件，这为速生杨规模化种植奠定了制度基础。

在林木种苗培育、技术推广方面，文安县林业部门引进适合文安县土壤、气候和自然条件的中林系列、廊坊杨系列、欧美杨系列、抗虫杨系列等速生杨新品种；推广地膜覆盖育苗、生根粉和生根保水剂的使用等新技术（高柏成等，2004）。协调专业化公司组织飞机喷洒药物统一防治杨树病虫害。

在金融服务方面，提高了小额贷款和联保贷款额度，积极扶持中小林业企业和林农。加强退耕还林资金奖励，补贴标准为 100 元左右/亩，推动林板加工企业、农户参与造林。

建立廊坊左各庄木材交易市场，促进林木产品的生产、流通和经营；加强市场信息的收集、整理和分析，为林业企业、林农提供产品、市场和信息服务。同时政府在农业主产地市场风险防范作用突出。农业主产地形成发展得益于规模经济效应，表现在享有各种便利的公共服务和规模庞大与发展成熟的市场，能以较低成本获取最大收益，这种正效应强化了农业主产地的发展，同时，主产地单一化的作物结构在面临市场波动时也存在很大的市场风险。自 2007 年 7 月以来，由于出口退税下调、人民币升值、美国次贷危机影响等多方面因素影响，板材出口急速滑坡，造成原料需求减少。短时间内，全国 80%的板材加工企业停产，杨树原料价格下跌，2007 年全球经济危机发生前速生杨原木价格最高为 1350 元/m^3，经济危机发生后最低为 350 元/m^3，林业企业主和林农信心指数严重下滑，挫伤了市场主体种植杨树的积极性，杨树种植规模萎缩。文安县速生杨主产地也损失惨重。2008 年 11 月 18 日，文安县左各庄人造板行业协会与全国木板行业协会联合发函致财政部和国家税务总局，针对我国人造板生产基地面临困境，紧急请求和呼吁国家尽快提高人造板出口退税率至 13%，缓解了速生杨主产地企业、农户所处的困境，彰显了政府、行业协会在市场风险防范上的地位重要性。

5.5 小结

本章简要介绍了我国主要农业主产地的发展，并以河北文安县速生杨主产地为例，分析了农业主产地形成机理。基本结论如下。

(1)近年来我国主要农业主产地发展迅速，定西马铃薯、寿光蔬菜、洛川苹果主产地优势作物种植面积比重较大。

(2)速生杨主产地杨树种植规模大，扩张速度快。杨树扩张受生产要素市场、土地产品市场及政策因素的综合驱动，其中劳动力因素和经济因素在杨树扩张中起主要作用。非农从业人员比率越大，农民年人均收入越高，杨树扩张速度越快，主产地种植规模越大。在劳动力由富余转为相对稀缺的情况下，农户为提高经济收益，倾向选择劳动生产率较大的土地利用类型。杨树耗工少，劳动生产率显著高于小麦、玉米等大田作物，是杨树扩张及主产地形成的根本原因。偶然促发机制、政府政策与行为也是速生杨主产地形成的重要原因。

我国农业主产地发展迅速。自然环境状况是农业主产地形成的基本条件，偶然促发机制是起点，在劳动力务农机会成本上升的情况下，农户为追求经济效益种植高劳动生产率作物，促使了速生杨主产地形成。政府政策与行为是主产地形成的重要因素。前面几章从宏观视角分析了农业地区专业化分工及其形成机制，下面将从微观视角分析农户生产专业化演变过程及其机理。

第 6 章　农户生产专业化演变过程与机理

本书第 3～5 章主要从省级、县级、农业主产地等宏观层面分析了中国种植业专业化与地区分工情况，宏观层面的土地利用变化是微观农户土地利用决策的综合表现，本章将对微观农户种植业生产专业化进行实证研究。选取在全国范围内平原区、农牧交错区、山区具有代表性的文安县、太仆寺旗、海原县作为案例研究对象，通过区域对比研究，探讨农户生产专业化演变过程与机理，旨在为土地管理、农业发展政策制定提供理论参考。

6.1　案例区与数据来源

河北省文安县的数据仍为上一章所述的农户调查数据，而内蒙古太仆寺旗农户数据、宁夏海原县农户数据分别来源于课题组前期调研资料。

(1)内蒙古太仆寺旗农户调查数据

农牧交错区县选取内蒙古太仆寺旗为案例区。太仆寺旗(41°35′～42°10′N，114°51′～115°49′E)位于内蒙古中部，土地总面积 3414.7 km^2，其中，农区面积 2557.7 km^2，牧区面积 850 km^2。地处阴山北麓，浑善达克沙地南缘，海拔 1300～1800 m，属中温带亚干旱大陆性气候，年平均气温 1.6℃，日照充足，年降水量不足 400 mm，无霜期 100 天。地表水资源缺乏，没有可开发利用的河流。栗钙土是主要的土壤类型。2008 年全旗总人口 20.95 万人，其中农业人口 16.97 万人，占全旗人口的 81.0%。地区生产总值 23 亿元，三产比重分别为 29.2%、35.2%、35.6%。人均 GDP 为 1.10 万元，农民人均收入为 4659 元。2008 年，全旗耕地面积为 835.23 km^2，占总土地面积的 24.0%。主要种植的作物有小麦、玉米、莜麦、大豆、豌豆、马铃薯、胡麻籽、油菜籽等，种植制度为一年一熟。环保部 2008 年《生态脆弱区保护纲要》将太仆寺旗划入北方农牧交错生态脆弱区中的“阴山北麓荒漠草原垦殖退沙化生态脆弱重点区域”。

太仆寺旗的农户调查于 2009 年 7—8 月和 2010 年 5 月分两次进行。调查涉及 23 个行政村。在选择样点村时，尽量均匀布局，并且能代表不同的地貌、土壤类型和不同经济发展水平特征（图 6-1，参见彩插）。每个行政村随机抽取 10 户左右的农户进行调查，将数据记录在册。调查内容与文安县基本相同，但未能获取作物出售情况，整理获得 236 户有效调查问卷（郝海广，2011）。

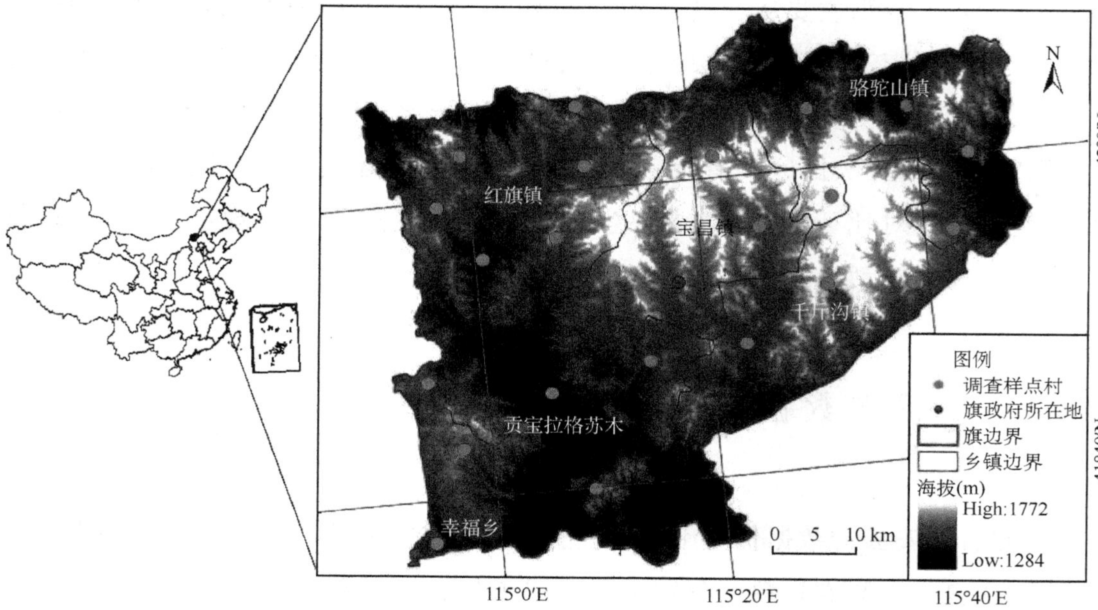

图 6-1　太仆寺旗农户调查样点村分布示意图

（图片引自（郝海广等，2011））

(2)宁夏海原县农村住户调查数据

山区县选取宁夏海原县为案例研究区。海原县（36°06′～37°04′N，105°09′～106°10′E）地处宁夏中部干旱带（图 6-2）。地处黄土高原西北部，属黄河中游黄土丘陵沟壑区。六盘山余脉由南向北深入境内，形成西南高、东北低的特殊地形，南部以南华山主峰马万山为最高，海拔 2955 m；东部以清水河李家湾最低，海拔 1366 m；中部为梁峁残塬地带。大陆性季风气候明显，年均气温 7℃，年均降水量 286 mm。除兴仁平原属黄河右岸诸沟外，其余地区皆属黄河一级支流清水河水系。2008 年全县地区生产总值 14.96 亿元，人口 38.20 万人。人均 GDP 为 0.4 万元，农民人均纯收入约 2400 元。全县土地总面积 6899 km^2，黄土丘陵占 66%，土石山区占 1.6%，塬地占 4.4%，河谷川地占 20.9%，山地占 7.1%。全县农作物播种面积 220.2 万亩，主要种植作物有小麦、玉米、马铃薯、豆类等。

为了解山区县农户生产专业化状况，收集了宁夏海原县 2008 年农村住户调查数据，共 100 户(田玉军，2010)。农村住户调查数据主要包括：①农户家庭基本情况，含家庭类型、结构、成员从业状况、收入水平；②种植业经营情况，含土地面积、灌溉水平、生产资料、作物种植类型、面积、产量情况；③家庭资产、消费支出等情况。

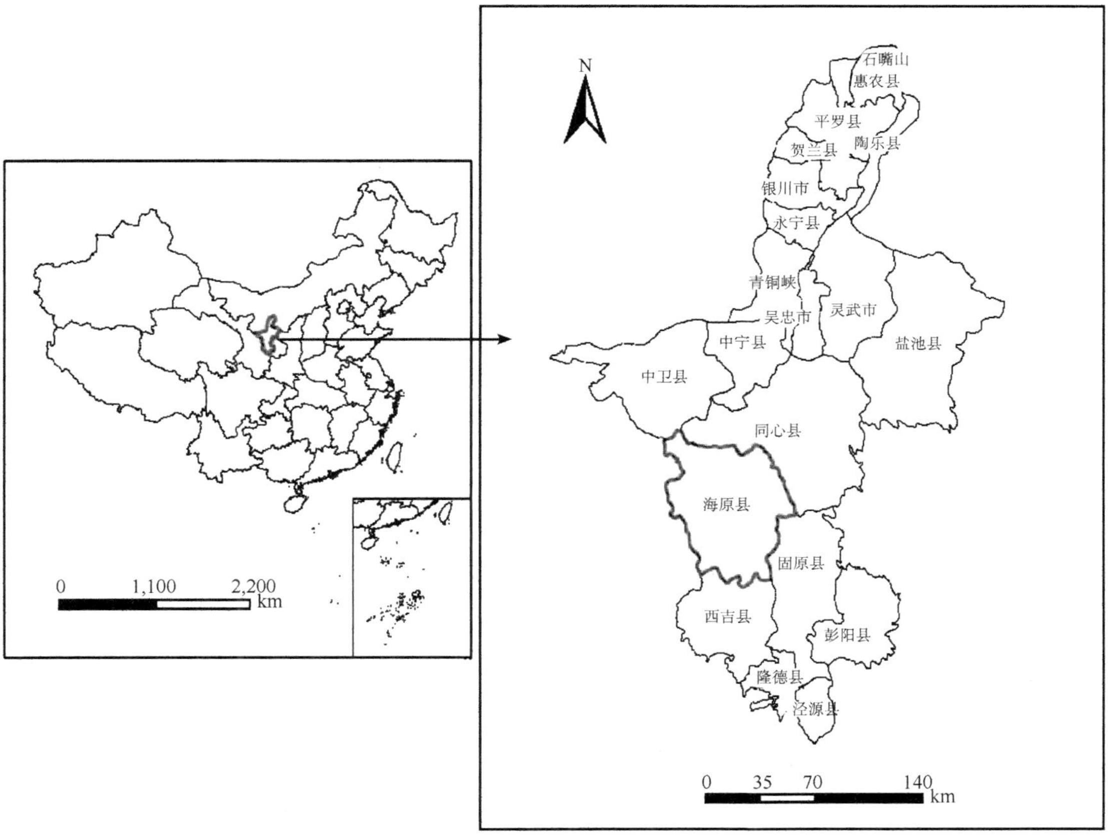

图 6-2　宁夏海原县位置示意图

6.2　农产品商品化率的时序变化

农产品商品化程度的提高反映了种植业农户生产专业化的演变过程。本章计算了农产品商品化率，其值为农村居民家庭平均每人出售农产品数量与农村居民家庭平均每人生产数量的比值，其中生产数量近似地取出售农产品数量与消费农产品数量之和。从图 6-3 来看，我国农产品市场化水平提高迅速，整体上来说，全国农产品商品化率增加幅度大，从 1992 年的 32.30% 增加到 2009 年的 63.53%，增加近一倍。

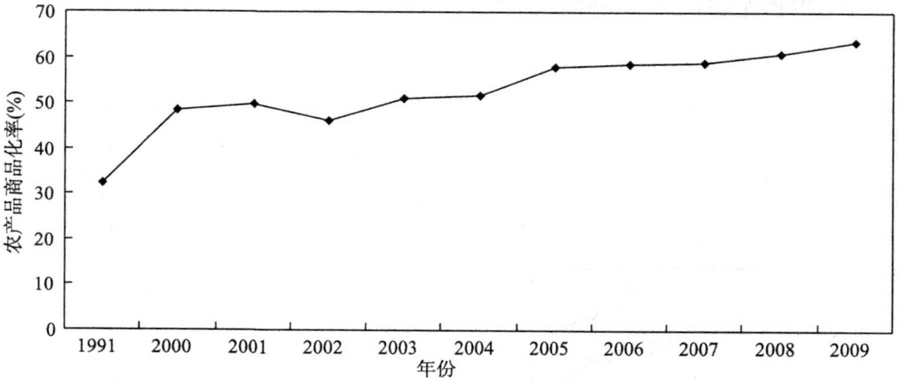

图 6-3　1991—2009 年全国农产品商品化率变化

（数据来源于《中国农村住户调查年鉴(1992;2001—2010)》;1992—1999 年数据缺失）

6.3　农户生产专业化案例研究

6.3.1　平原区农户生产专业化——文安县案例

(1)生计非农化对农户种植结构的影响

农村劳动力参与非农就业使得农户生计发生了显著的分化，农业户逐步向非农户转变，农户作物种植结构趋向单一化，农产品商品化程度提高。根据农户农业收入占总收入比重，划分为纯农户(95%～100%)、农业兼业户(一兼兼业户、50%～95%)、非农兼业户(二兼兼业户、5%～50%)、非农户(0%～5%)四类。文安县纯农户、农业兼业户、非农兼业户和非农户分别占 11.65%、5.97%、59.89% 和 22.49%，非农兼业户和非农户共占五分之四以上，农户生计非农化程度高(表 6-1)。

根据式(4-1)计算反映农户种植业结构单一化程度的赫芬代尔系数，并统计同一类型农户赫芬代尔系数平均值(表 6-1)。从表中可知,非农户赫芬代尔系数平均值最大,为 0.86,其作物种植结构单一化程度最高;纯农户赫芬代尔系数平均值最小,为 0.71,其作物种植结构单一化程度最低,即作物多样化程度高。从整体上说,除比重较小的农业兼业户外,文安县纯农户、非农兼业户和非农户赫芬代尔系数依次减小,农户生计越趋于非农化,农户作物种植结构越趋向单一化。文安县不同类型农户农产品商品化率相差不大,均超过 75%(表 6-1),高于全国农产品商品化率平均水平(60%),表明平原区农户在农业生产中参与市场化程度高,更多地向商业性小农转变。

表 6-1 2009 年河北省文安县不同生计类型农户作物单一化

农户类型	农户数量	农户数量占比(%)	赫芬代尔系数平均值	商品化率(%)
纯农户	43	11.65	0.71	77.29
农业兼业户	22	5.97	0.80	75.87
非农兼业户	221	59.89	0.78	76.94
非农户	83	22.49	0.86	78.32
合计	369	100		

从文安县不同生计农户作物种植结构来看,在纯农户、农业兼业户、非农兼业户和非农户作物种植结构中,玉米种植面积比重最大并逐渐增大,分别为 49.78%、56.56%、70.38%和 72.93%(图 6-4)。究其原因,由表 5-11 可知玉米劳动生产率较高,这说明农户在家庭非农收入比重增加的情况下,农户倾向选择劳动生产率较大的作物类型(尽管速生杨劳动生产率最大,但其种植周期长,风险大,土地净收益相对较低,所以其种植面积比重不是最大),且随着非农收入比重增加而增加种植劳动生产率较大的作物,以实现家庭经济效益最大化;相反地,是纯农户、农业兼业户中棉花的播种面积比重较大,由于棉花土地生产率最高,所以纯农户、农业兼业户倾向选择土地生产率较高的作物类型,以达到家庭效益最大化的目的。

总之,在劳动力务农机会成本上升的背景下,农户作物种植结构与农户生计非农化密切相关。随着农户生计非农化程度的提高,农户作物种植结构单一化特征明显,农户种植结构向劳动力生产率较高的作物类型转移。

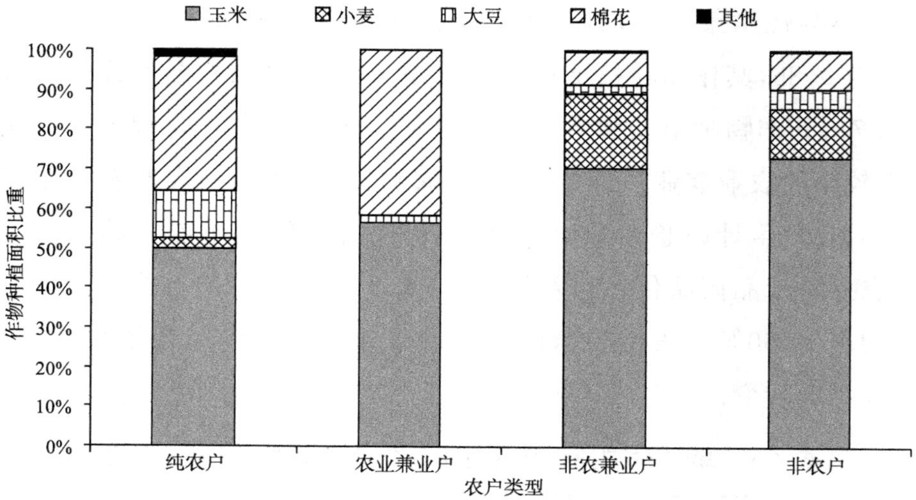

图 6-4　2009 年河北省文安县不同生计农户的作物结构

(2)农户特征与资源禀赋对农户种植结构单一化的影响

农户种植结构单一化程度取决于农户作物选择决策过程。而作物类型选择决策是农户在家庭资源禀赋、农户自身特征等因素约束下，合理配置土地、资本和劳动力等资源，实现家庭效益最大化目标的过程。农户种植结构单一化受这些因素影响的程度如何？下面将运用多元线性回归模型定量分析农户作物种植结构单一化的影响因素。

①变量设定与模型建立

为定量评价和分析影响农户种植结构单一化的相关因素，建立多元线性回归模型。模型因变量为反映农户种植结构单一化程度的赫芬代尔系数；自变量包括农户家庭特征、资源禀赋两大类因素。农户家庭特征包括户主年龄、户主受教育年限、户主主要职业、非农收入比重和抚养系数 5 个自变量；农户资源禀赋包括农业劳动力禀赋、资本禀赋、影响机械化耕作的土地破碎程度与土地资源面积 4 个自变量。其中，抚养系数为非劳动年龄人口数与劳动年龄人口数比值；资本禀赋为农户年人均纯收入；土地破碎程度为地块平均面积；土地资源面积为劳均耕地面积。各变量选择及其说明见表 6-2。对各变量数据进行多重共线性检验和标准化处理后，运用 SPSS 统计软件对农户作物种植结构单一化影响因素模型进行实证估计。2009 年文安县 369 户农户调查样本数据全部纳入模型估计中。

表 6-2　模型变量选择与说明

变量名称		变量类型	变量说明
因变量	H 值(Y_1)	连续变量	农户种植业作物结构单一化程度
农户特征（自变量）	户主年龄(X_1)	连续变量	户主年龄(岁)
	户主教育年限(X_2)	连续变量	户主受教育年限(年)
	户主主要职业(X_3)	虚拟变量	户主从事的主要职业:0=主要从事农林牧渔等农业;1=主要从事其他非农职业
	非农收入比重(X_4)	连续变量	家庭非农收入/家庭总收入×100%
	抚养系数(X_5)	连续变量	(非劳动年龄人口数÷劳动年龄人口数)×100%
资源禀赋（自变量）	农业劳动力禀赋(X_6)	连续变量	农户农业从业人员数量(人)
	资本禀赋(X_7)	连续变量	农户年人均纯收入(元/年)
	土地破碎程度(X_8)	连续变量	地块平均面积(亩/块)
	土地资源面积(X_9)	连续变量	劳均耕地面积(亩/人)

②结果分析

运用最小二乘法对农户作物种植结构单一化模型进行求解,得到模型自变量系数估计结果(表 6-3)。对估计结果进行拟合优度检验,其调整的判定系数$\overline{R^2}$=0.762,回归方程拟合程度较好。从表 6-3 中可以看出,自变量 X_4回归系数显著性 t 检验的概率 p 值为 0.008,通过 α=0.01 的显著性水平检验,其他变量均没有通过显著性检验。这表明仅有非农收入比重(X_4)对农户种植结构 H 值(Y_1)影响显著,其他诸如农户家庭特征、资源禀赋等因素并未对农户作物结构产生显著影响。农户非农收入比重对农户种植业结构单一化具有正向影响(0.002),表明农户非农收入比重越大,其作物种植结构单一化水平越高。因此,非农收入对农户作物种植结构单一化影响显著。

通过对河北省文安县 369 户农户调查数据分析得出:农户非农收入比重越大,农户生计越趋于非农化,农户作物种植结构单一化程度越高,作物种植结构向劳动生产率高的作物转移。由此可以推论:在农村劳动力务农机会成本上升影响下,劳动力逐渐向非农行业转移,农户生计非农化程度提高,作物种植结构单一化趋势明显。

表 6-3　农户作物种植结构单一化模型估计结果

变量	相关系数	标准差	t 统计量	概率
户主年龄(X_1)	−0.001	0.002	−0.702	0.483
户主教育年限(X_2)	−0.004	0.005	−0.881	0.379
户主主要职业(X_3)	−0.036	0.036	−0.979	0.329

续表

变量	相关系数	标准差	t统计量	概率
非农收入比重(X_4)	0.002	0.001	2.676	0.008
抚养系数(X_5)	0.011	0.029	0.370	0.712
农业劳动力禀赋(X_6)	0.013	0.015	0.916	0.361
资本禀赋(X_7)	0.000	0.000	0.144	0.886
土地破碎程度(X_8)	0.002	0.001	1.173	0.242
土地资源面积(X_9)	0.000	0.001	0.316	0.752

6.3.2 农牧交错区农户生产专业化——太仆寺旗案例

根据上述农户划分标准，将内蒙古太仆寺旗236户农户仍划分为纯农户、农业兼业户、非农兼业户和非农户四类，分别占48.73%、10.17%、21.61%和19.49%，纯农户和农业兼业户占近五分之三。根据式(4-1)计算农户作物种植结构单一化指数，并统计每类农户赫芬代尔系数的平均值，如表6-4所示。从表中可知，纯农户、农业兼业户和非农兼业户赫芬代尔系数平均值相差并不太大，分别为0.46、0.47、0.43，农牧交错区农户作物种植结构单一化水平并不太高。

表6-4　2008年内蒙古太仆寺旗不同生计类型农户作物单一化

农户类型	农户数量	农户数量占比(%)	赫芬代尔系数平均值
纯农户	115	48.73	0.46
农业兼业户	24	10.17	0.47
非农兼业户	51	21.61	0.43
非农户	46	19.49	0
合计	236	100	

从不同生计农户作物种植结构来看，纯农户、农业兼业户和非农兼业户作物种植结构差别不大。在这三种农户类型作物种植结构中，莜麦、胡麻、小麦和马铃薯种植面积比重均占前四位，4种作物播种面积占农户总播种面积的90%以上(图6-5)。从作物投入产出分析可知，莜麦劳动生产率最大，为18.58元/日，胡麻、小麦、马铃薯劳动生产率依次减小，分别为12.59、9.54、9.43元/日(表6-5)，作物劳动生产率大小排序与作物播种面积比重排序相同，这从经济层面解释了三类农户作物种植面积比重的差异。

虽然农牧交错区不同类型农户作物种植结构差异不大，但农户仍然倾向选择劳动生产率高的作物类型，莜麦种植面积占比均超过50%，远大于其他作物种植面积比重，作物结构单一化已初步显现。

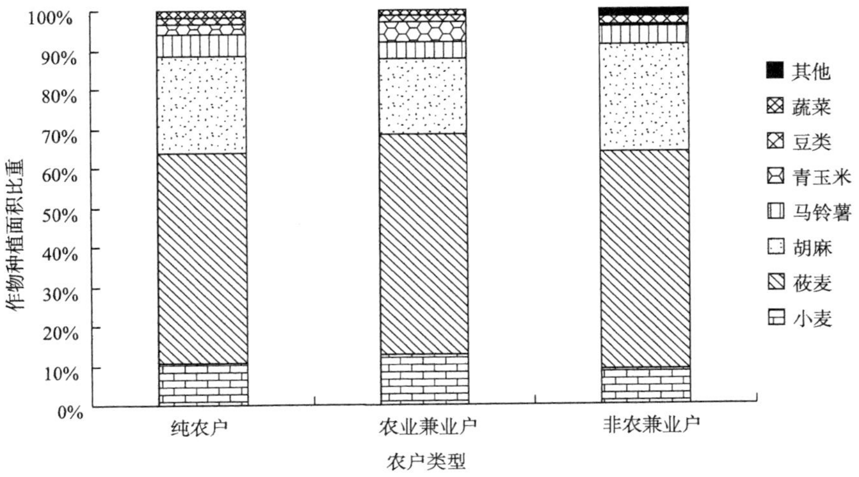

图 6-5 2008年内蒙古太仆寺旗不同生计农户的作物结构

表 6-5 2008年内蒙古太仆寺旗主要作物类型投入产出情况

项目	莜麦	胡麻	小麦	马铃薯	豆类
种籽(元/hm^2)	414.30	199.80	374.10	1316.25	623.70
化肥(元/hm^2)	204.60	167.25	226.50	1800.00	194.40
农药(元/hm^2)	36.75	0.00	41.40	0.00	0.00
机械(元/hm^2)	481.80	356.55	397.35	300.90	347.25
总成本(元/hm^2)	1137.45	723.45	1039.35	3417.15	1165.35
劳动用工(日/hm^2)	87.15	108.45	99.00	134.25	106.95
单产(kg/hm^2)	1013.55	530.10	1173.60	4778.10	526.80
作物价格(元/kg)	2.72	3.94	1.69	0.98	3.40
总收益(元/hm^2)	2756.85	2088.60	1983.45	4682.55	1791.15
净收益(元/hm^2)	1619.40	1365.15	944.10	1265.40	625.80
劳动生产率(元/日)	18.58	12.59	9.54	9.43	5.85

注：数据来源于文献(郝海广等，2011)。

6.3.3 山区农户生产专业化——海原县案例

将宁夏海原县100户农户仍然划分为纯农户、农业兼业户、非农兼业户和非农户四类农户，分别占农户总数的14%、41%、44%和1%，纯农户和农业兼业户共占55%。根据式(4-1)计算海原县农户作物种植结构单一化指数，并统计每类农户赫芬代尔系数的平均值，如表6-6所示。从表中可以看出，纯农户、农业兼业户、非农兼业户赫芬代尔系数平均值依次增大，分别为0.53、0.55、0.63，表明随着山区农户生计的非农化，其作物种植结构也趋于单一化。海原县不同农户农产品商品化率也相差不大，均超过25%，远低于全国农产品商品化率的平均水平(60%)，表明山区农户在农业生产中参与市场化程度较低，很大程度上仍然是维生性小农。

表6-6　2008年宁夏海原县不同生计类型农户作物单一化

农户类型	农户数量	农户数量占比(%)	赫芬代尔系数平均值	商品化率
纯农户	14	14	0.53	28.68
农业兼业户	41	41	0.55	25.67
非农兼业户	44	44	0.63	27.53
非农户	1	1		
合计	100	100	0.57	

从不同生计农户作物种植结构来看，纯农户、农业兼业户、非农兼业户种植结构中马铃薯种植面积比重最大，分别为42.78%、38.00%、51.43%，远大于其他作物种植面积比重(图6-6)。从作物投入产出分析看，山区马铃薯劳动生产率最大，为60.62元/日，远大于小麦等作物劳动生产率(表3-4)。因此，在劳动力务农机会成本上升的背景下，山区农户也倾向选择劳动生产率高的作物类型，作物结构单一化已初步显现。

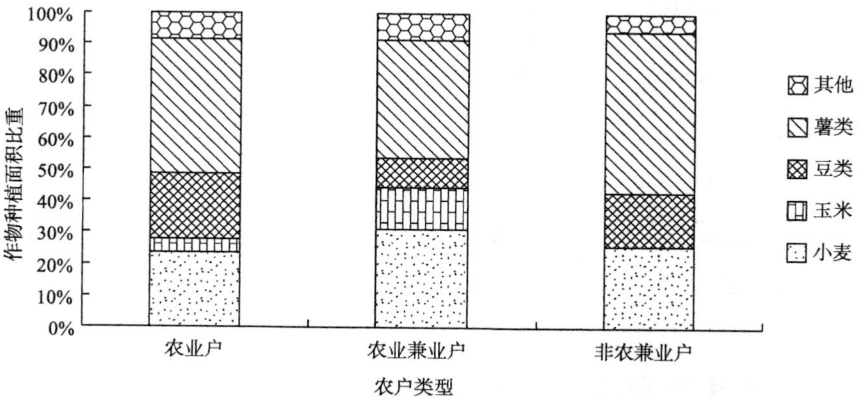

图6-6　2008年宁夏海原县不同生计农户的作物结构

6.3.4　农户生产专业化的区域差异

对比平原区文安县、农牧交错区太仆寺旗、山区海原县同一类型农户数量比重可以看出，太仆寺旗、海原县非农兼业户、非农户数量占比小于文安县，表明农牧交错区、山区农户生计非农化程度较平原区低；太仆寺旗纯农户占比高达 50%，远大于文安县、海原县，说明农牧交错区农户对农业依赖较大(图 6-7)。

从三县(旗)同一类型农户作物种植结构单一化程度看，文安县、海原县、太仆寺旗同一类型农户赫芬代尔系数依次减小，表明平原区农户作物种植结构单一化程度最高，山区次之，而农牧交错区农户作物种植单一化程度最低，即作物结构多样化程度最高(图 6-8)。

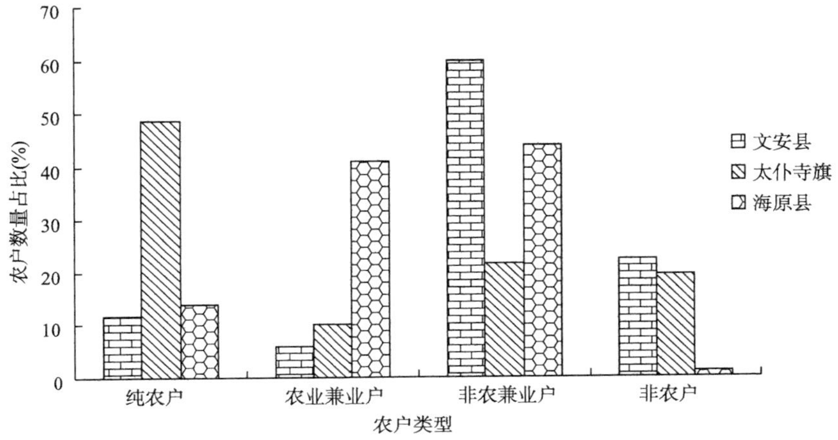

图 6-7　三县(旗)同一类型农户数量比重对比

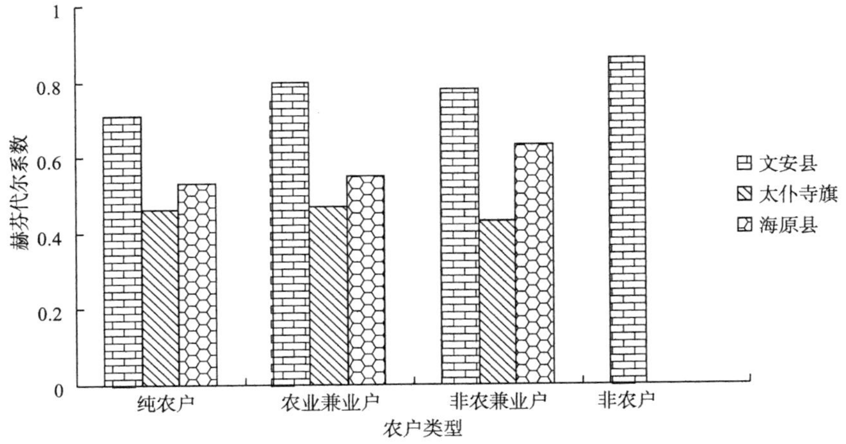

图 6-8　三县(旗)同一类型农户赫芬代尔系数对比

从文安县、海原县同一类型农户农产品商品化程度看，文安县每类农户农产品商品化率远大于海原县，表明平原区各类农户广泛参与市场，农产品商品化程度大，而山区农户参与市场程度低，农产品商品化率小(图 6-9)。

与平原区相比，农牧交错区和山区农户的非农化程度和农产品商品化率低，种植结构单一化程度也较低。说明农户生计分化和农产品商品化率在全国还存在差异，据此推断，在劳动力务农机会成本上升的情况下，农户生计非农化程度仍将提高，农户生产专业化及农业地区分工还将继续发展。

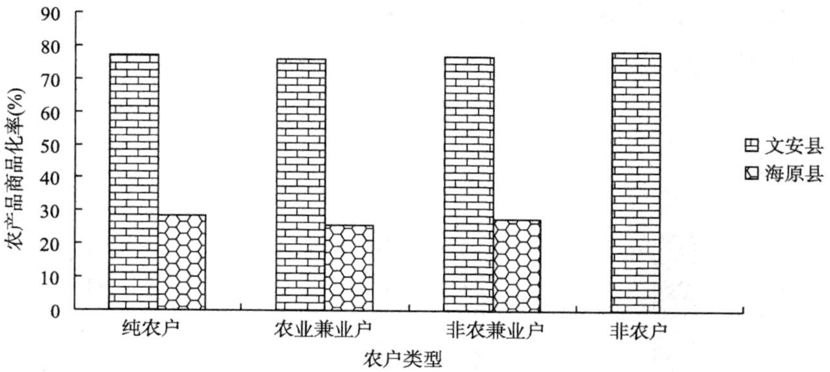

图 6-9　文安县、海原县同一类型农户农产品商品化率对比

6.4　小结

本章重点分析了劳动力非农就业、劳动力成本上升对农户农业生产的影响。采用农户数据对在全国范围内平原区、农牧交错区、山区具有代表性的文安县、太仆寺旗、海原县进行实证研究，通过研究农户农业生产的区域差异，初步了解了农户生产专业化演变过程与机理。基本结论如下。

(1)1990 年以来，全国农产品商品化率快速增长，从 1992 年的 32.30％增加到 2009 年的 63.53％，增加近一倍。

(2)与平原区相比，农牧交错区和山区农户的非农化程度和农产品商品化率低，种植结构单一化程度也较低。说明农户生计分化和农产品商品化率在全国还存在差异，据此推断，在劳动力务农机会成本上升的情况下，农户生计非农化程度仍将提高，农户生产专业化及农业地区分工还将继续发展。

第 7 章　结论与讨论

本书采用遥感影像解译、农户调查以及政府统计等来源的数据，从宏观、微观两个层面分析了劳动力务农机会成本上升对农业地区专业化分工和种植业结构的影响。本章将总结全书的主要研究结论，并探讨该研究的政策启示及研究展望。

7.1　研究结论

(1)我国多数作物目前都表现出较高的地区集中度。主要作物中，棉花、水果、大豆、稻谷、薯类及小麦的集中度较高，油料和玉米较低。其中水果和稻谷在省级尺度上较为分散，而在县级尺度上则表现出明显的地理集聚特征。

过去 20 年间，我国种植业在整体上呈现出地理集聚的趋势。这种趋势在县级尺度上明显强于省级尺度。在县级尺度上测度地区集中度，排序前 400 个县的 8 种主要作物总播种面积，在全国的占比从 70.12%提高到 76.07%，上升了近 6 个百分点。主要作物中，稻谷、小麦、大豆、薯类、棉花及油料作物的地区集中度上升趋势明显，而水果和玉米则趋于分散。

从更为宏观的尺度上看，我国种植业的重心在过去 20 年来向中西部、北部地区转移。其中粮食作物更加集中于 13 个主产省份，特别是华北和东北地区；而西北、西南及华南地区的经济作物占全国的比重明显上升。

(2)作物地区分工显著，许多作物形成了明显的专业带；有些作物的专业带在全国有两三个，如稻谷和棉花，稻谷主要有东北主产带和南方主产带，棉花主要有西北主产带和华北—华中主产带；有的则呈连续分布的格局，如小麦、玉米和薯类；有些作物的分布呈现“大分散、小集聚”的格局，如大豆、油料和水果。一些作物从地区集中度的分析中没有明显看出地理集聚的特征，但通过规模比较优势的测度，却表现出了明显的地理集聚特征，如玉米和水果。

反映区域水、热等自然条件状况的单产比较优势指数是种植业地区专业化分工的重要影响因素。从该指数来说，稻谷、小麦、玉米、棉花的高值区与其相应的规模比较优势指数高值区较为吻合。此外，作物间单产比较优势指数差异也是影响区域作物分布的重要因素。作物间单产比较优势指数最大的作物为薯类的区域主要集中在我国农牧交错带和山区，一定程度上解释了薯类在这些地区的规模分布。

作物经济效益是区域种植业地区专业化分工的关键因素。稻谷、小麦、大豆、马铃薯、棉花、油菜 6 种作物家庭用工劳动生产率高，具有显著的比较经济效益，在主产带作物竞争中具有优势，促进了这些作物地区专业化分工。

(3)地区专业化分工对土地利用/土地覆被或景观的单一化影响显著。1990 年以来我国县级层面种植业结构单一化演变的主要特征是：平原区县种植业结构单一化程度提高明显，表现出向专业化演进的态势；而山区县种植业结构单一化程度下降突出，呈现向多样化演进的态势。

不同因素对县级单元种植业结构专业化演变的影响不同：地形崎岖程度、距市场距离对区域种植业结构专业化演变具有负向影响，而交通的便利程度、非农从业人员占比、地均农业机械总动力对区域种植业结构专业化演变具有正向影响。平原县平坦的地貌特点、便捷的道路交通设施、较高的机械化水平、距市场较近的区位优势以及农村劳动力较高的非农就业比例，这些因素有效促进了平原县种植业结构向专业化演变的过程；而山区县多坡地的地貌特点、相对落后的道路基础设施、较低的机械化水平、远离消费中心的区位特征以及较多的农业劳动力，这些因素都使得山区县种植业结构趋于向多样化演变。

(4)农业主产地的形成是目前我国农区土地覆被变化的一个重要形式。近年来我国农业主产地发展迅速，如定西马铃薯、寿光蔬菜、洛川苹果等主产地优势作物种植面积比重较大。

河北文安速生杨主产地杨树种植规模大，扩张速度快。自然环境状况是农业主产地形成的基本条件，偶然促发机制是起点，在劳动力务农机会成本上升的情况下，农户为追求经济效益种植高劳动生产率作物，促使了速生杨主产地的形成。政府政策与行为是主产地形成的重要因素。

(5)采用农户数据对在全国范围内平原区、农牧交错区、山区具有代表性的文安县、太仆寺旗、海原县进行实证研究，通过研究农户农业生产的区域差异，初步了解了农户生产专业化演变过程与机理。

1990年以来，全国农产品商品化率快速增长，从1992年的32.30%增加到2009年的63.53%，增加近一倍。

与平原区相比，农牧交错区和山区农户的非农化程度和农产品商品化率低，种植结构单一化程度也较低。说明农户生计分化和农产品商品化率在全国还存在差异，据此推断，在劳动力务农机会成本上升的情况下，农户生计非农化程度仍将提高，农户生产专业化及农业地区分工还将继续发展。

7.2 政策启示

近年来，我国工业领域、城市非正规行业工资持续上涨，造成农村劳动力务农机会成本不断上升，对我国农业专业化与地区分工、农业主产地形成、农户农业生产都产生了显著影响。据此，在涉及区域农业发展、农业基地建设、农民增收等方面政策制定时，应考虑这些因素的作用。

(1)劳动力务农机会成本上升促进了农业专业化生产地带的进一步形成，这是农户根据生产要素的约束和市场需求，合理配置土地和劳力资源的结果，也是农业增收的必然要求。基于此，我国应避免“粮食省长负责制”等“一刀切”式的农业发展政策，而应考虑区域比较优势，从农业发展的客观规律和农民增收的需要出发，提高农业政策的针对性。比如，在农业补贴等具体政策制定时应因地制宜，合理引导农户从事区域优势作物生产，促进区域土地、劳动力、资本等资源的合理利用。具体来说，在东北、华北平原等粮食主产区，适度增加粮食生产的相关补贴；而在新疆棉花主产区，适度增加棉花种植的相关补贴。更重要的是，鼓励有关区域优势作物种植业、机械服务、技术推广等生产性服务业发展，并给予适当的财政补贴，以发挥区域比较优势，促进区域优势作物发展。

(2)劳动力务农机会成本上升对县域农业发展方向影响显著。平原县农业结构向专业化演变，这要求在制定农业政策时考虑平原县农业的适度规模经营，鼓励适度的土地流转、服务性企业或专业合作社发展。而由于山区县农业结构向多样化方向演进，农业政策制定时应因地制宜，充分考虑农户专业化经营方向的差异性，鼓励特色农产品的培育及其基地的建设，促进县域农业多样化发展。

(3)农业主产地是区域种植业专业化发展的重要表现形式之一。自然环境状况是主产地形成的基本条件，偶然促发机制是起点，政府政策与行为是主产地形成的重要因素。因此，在农业主产地形成发展过程中，政府应在农业品牌建设、种籽、肥料、经营管理、市场建设、产品标准化等方面采取措施，促进农业主产地的形成。

(4)农户是我国农业经营的主体，在劳动力、农产品等市场逐步完善的情况下，农户能够自主地配置家庭劳动力从事非农或农业生产，以实现家庭效用最大化。在我国劳动力从过剩转为短缺的背景下，劳动力成本的快速上升成为农业经营的主要约束条件和决策因素，此时劳动生产率的提高是农业发展的主要方向。因此，应鼓励选择从事农业经营的农户发挥家庭资源比较优势，开展专业化经营，提高资本、机械等利用效率、农业劳动生产率和农产品市场化程度，以提高农户特别是以农业为主要产业的农户的收入水平。

7.3 研究展望

本书研究了 1990 年以来劳动力务农机会成本上升对农业专业化的影响，虽然在农业地区分工、农业主产地、农户生产专业化等方面取得了一些进展，但在以下方面仍然值得进一步研究。

(1)在劳动力务农机会成本上升影响下，农业专业化与地区分工的最终格局如何？目前的状况已经发展到哪个阶段？第 3 章对比了作物规模比较优势与单产比较优势，发现二者存在密切的联系。但是，如何评判目前的作物布局与自然条件的吻合程度及其合理性？此外，本书对比东、西部三县(旗)的情况后发现，我国特别是西部地区的农业专业化发展仍存在潜力，但潜力究竟有多大？如何判断？

(2)本书选取了十余种代表性作物进行分析，其他作物专业化与地区分工如何也值得关注。

(3)本书对农地利用专业化特征的驱动机制研究比较分散和薄弱，应进一步深化。农业主产地的形成受自然环境状况、偶然促发机制、作物经济效益、政府政策等多方面因素的影响。如何定量分析这些因素作用的大小,是一个难点。

(4)农户农业生产专业化案例研究还有待加强。本书受数据制约,仅初步分析了基于截面数据的农户生产专业化,下一步应收集长时间序列的农户数据开展深入研究。

参考文献

艾利思，2006. 农民经济学——农民家庭农业和农业发展(第二版)[M]. 胡景北译. 上海：上海人民出版社.

安德烈埃，1991. 农业地理学——世界农业的构造地带与经营形式[M]. 刘希平等译. 北京：科学出版社.

巴洛维，1989. 土地资源经济学—不动产经济学[M]. 谷树忠译. 北京：北京农业大学出版社.

白重恩，杜颖娟，陶志刚，等，2004. 地方保护主义及产业地区集中度的决定因素和变动趋势[J]. 经济研究，(4)：29-40.

卜范达，韩喜平，2003. "农户经营"内涵的探析[J]. 当代经济研究，(9)：37-41.

布林克曼，1984. 农业经营经济学[M]. 刘潇然译. 北京：农业出版社.

蔡昉，2010a. 刘易斯转折点与公共政策方向的转变——关于中国社会保护的若干特征性事实[J]. 中国社会科学，(6)：125-223.

蔡昉，2010b. 人口转变、人口红利与刘易斯转折点[J]. 经济研究，(4)：4-13.

蔡运龙，2000. 中国经济高速发展中的耕地问题[J]. 资源科学，22(3)：24-28.

蔡运龙，2001. 土地利用/土地覆被变化研究：寻求新的综合途径[J]. 地理研究，20(6)：645-652.

陈百明，1997. 试论中国土地利用和土地覆被变化及其人类驱动力研究[J]. 自然资源学报，19(2)：31-36.

陈风波，2005. 江汉平原农村经济发展与农户行为变迁[D]. 武汉：华中农业大学.

陈明星，陆大道，张华，2009. 中国城市化水平的综合测度及其动力因子分析[J]. 地理学报，64(4)：387-398.

陈锡文，2011. 当前我国农业农村发展的几个重要问题[J]. 南京农业大学报(社会科学版)，11(1) ：1-6.

陈瑜琦，2009. 劳动力机会成本上升的耕地利用效应[D]. 北京：中国科学院地理科学与资源研究所.

陈瑜琦，李秀彬，盛燕，张雯，2010. 发展生物能源引发的土地利用问题[J]. 自然资源学报，25(9)：1496-1505.

程叶青，张平宇，2005. 中国粮食生产的区域格局变化及东北商品粮基地的响应[J]. 地理科学，25(5)：513-520.

费景汉，拉尼斯，2004. 增长和发展：演进观点[M]. 洪银兴等译. 北京：商务印书馆.

甘肃农村年鉴编委会，甘肃农村年鉴(2001—2009)[M]. 北京：中国统计出版社.

甘肃省统计局. 甘肃农村经济年鉴(1992—2000)[M]. 北京：中国统计出版社.

高柏成，祁会艳，毛培军，等，2004. 浅谈文安县人造板产业面临的问题与对策[J]. 河北林果研究，19(增刊)：519-523.

高柏成，王玉莲，刘四围，等，2004. 文安县林业社会化服务体系初探[J]. 河北林果研究，19(增刊)：524-527.

国家发展和改革委员会价格司，2009.《全国农产品成本收益资料汇编》[M]. 北京：中国统计出版社.

国家林业局，2000. 中国林业年鉴[M]. 北京：中国林业出版社.

国家统计局农村社会经济调查司，1992，2001—2010.《中国农村住户调查年鉴(1992；2001—2010)》[M]. 北京：中国统计出版社.

国家统计局农村社会经济调查司，1996—2010. 中国农村统计年鉴[M]. 北京：中国统计出版社.

国家统计局农村社会经济调查司，2009.《中国农村统计年鉴》[M]. 北京：中国统计出版社.

郝海广，2010. 生态脆弱区农户土地利用决策的驱动机制研究——以内蒙古太仆寺旗为例[D]. 北京：中国科学院地理科学与资源研究所.

郝海广，李秀彬，谈明洪，等，2011. 农牧交错区农户作物选择机制研究——以内蒙古太仆寺旗为例[J]. 自然资源学报，26(7)：1108-1118.

郝海广，李秀彬，谈明洪，等. 2011. 农牧交错区农户作物选择机制研究——以内蒙古太仆寺旗为例[J]. 自然资源学报，26(7)：1107-1118.

何书金，李秀彬，朱会义，等，2002. 环渤海地区耕地变化及动因分析[J]. 自然资源学报，17(3)：345-352.

贺灿飞，潘峰华，2007. 产业地理集中、产业集聚与产业集群：测量与辨识[J]. 地理科学进展，26(2)：1-13.

贾文雄，2008. 定西市农业比较优势分析及特色农业发展对策[J]. 干旱地区农业研究，26(2)：206-211.

克鲁格曼，2001. 地理与贸易[M]. 张兆杰译. 北京：北京大学出版社.

李平，李秀彬，刘学军，2001. 我国现阶段土地利用变化驱动力的宏观分析[J]. 地理研究，20(2)：129-138.

李秀彬，1996. 全球环境变化研究的核心领域——土地利用/土地覆被变化的国际研究动向[J]. 地理学报，51(6)：553-558.

李秀彬，1999. 中国近 20 年来耕地面积变化及其政策启示[J]. 自然资源学报，14(4)：329-333.

李秀彬，2002. 土地利用变化的解释[J]. 地理科学进展，21(3)：195-203.

李秀彬，2008. 农地利用变化假说与相关的环境效应命题[J]. 地球科学进展，23(11)：1124-1129.

李秀彬，2009. 对加速城镇化时期土地利用变化核心学术问题的认识[J]. 中国人口·资源与环境，19(5)：1-5.

李秀彬，2010. 对于国家农业科技园区内空间布局过于分散问题的思考[J]. 中国农业科技导报，12(1)：56-59.

李秀彬，赵宇鸾，2011. 森林转型、农地边际化与生态恢复[J]. 中国人口·资源与环境，21(10)：91-95.

李应中，2000. 中国农业区划学[M]. 北京：中国农业科技出版社.

李岳云，卢中华，凌振春，2007. 中国蔬菜生产区域化的演化与优化——基于31个省区的实证分析[J]. 经济地理，27(2)：191-195.

梁书民，孟哲，白石，2008. 基于村级调查的中国农业种植结构变化研究[J]. 农业经济问题，(增刊)：26-31.

林英彦，1989. 土地经济学通论[M]. 台北：文笙书局.

刘成武，李秀彬，2006. 对中国农地边际化现象的诊断——以三大粮食作物生产的平均状况为例[J]. 地理研究，25(5)：895-904.

刘根荣，2006. 民工荒的成因及其治理：一个微观经济学的分析框架[J]. 人口研究，30(6)：47-54.

刘纪远，刘明亮，庄大方，等，2002. 中国近期土地利用变化的空间格局分析[J]. 中国科学(D辑)，32(12)：1031-1040.

刘乃全，刘学华，2009. 劳动力流动、农业种植结构调整与粮食安全——基于“良田种树风”的一个分析[J]. 南方经济，(6)：15-24.

刘巽浩，2005. 对黄淮海平原“杨上粮下”现象的思考[J]. 作物杂志，(6)：1-3.

刘琰琰，潘学标，2007. 中国棉花生产县域比较优势分析[J]. 棉花学报，19(1)：64-68.

卢凌霄，2008. 中国蔬菜产地集中与主产地形成研究——现状、趋势及趋势分析[D]. 南京：南京农业大学.

鲁奇，吕鸣伦，1997. 五十年代以来我国粮食生产地域格局变化趋势及其原因初探[J]. 地理科学进展，16(1)：31-36.

陆文聪，梅燕，李元龙，2008. 中国粮食生产的区域变化：人地关系、非农就业与劳动报酬的影响效应[J]. 中国人口科学，(3) ：20-28.

罗万纯，陈永福，2005. 中国粮食生产区域格局及影响因素研究[J]. 农业技术经济，(6)：58-64.

陕西统计局，国家统计局陕西调查总队．陕西统计年鉴（2001—2010）[M]．北京：中国统计出版社．

邵晖，2008．北京市生产者服务业聚集特征[J]．地理学报，63（12）：1289-1298．

石敏俊，王涛，2005．中国生态脆弱带人地关系行为机制模型及应用[J]．地理学报，60（1）：165-174．

史培军，宫鹏，李晓兵，等，2000．土地利用/土地覆被变化研究的方法与实践[M]．北京：科学出版社．

舒尔茨，2007．改造传统农业[M]．北京：商务印书馆．

田庆久，闵详军，1998．植被指数研究进展[J]．地球科学进展，13（4）：327-333．

田玉军，2010．劳动力务农机会成本上升对农地利用的影响——以宁夏南部山区为例[D]．北京：中国科学院地理科学与资源研究所．

田玉军，李秀彬，辛良杰，等，2009．农业劳动力机会成本上升对农地利用的影响——以宁夏回族自治区为例[J]．自然资源学报，24（3）：369-378．

汪浩，2010．苏北地区林业产业集聚经济效应研究[D]．南京：南京农业大学．

王静爱，何春阳，董艳春，等，2002．北京城乡过渡区土地利用变化驱动力分析[J]．地球科学进展，17（2）：201-208．

王秀兰，包玉海，1999．土地利用动态变化研究方法探讨[J]．地理科学进展，18（1）：81-87．

肖超苏，2008．中国农业集聚发展研究[D]．长沙：湖南农业大学．

辛良杰，2009．劳动力约束下的农地利用变化——以浙江和吉林省为例[D]．北京：中国科学院地理科学与资源研究所．

辛良杰，李秀彬，2009．近年来我国南方双季稻区复种的变化及其政策启示[J]．自然资源学报，24（1）：58-65．

熊晓山，刘晓凤，文泽富，等，2010．三峡库区柑橘和粮食生产中农户行为方式差异及其特征分析[J]．中国南方果树，39（1）：4-8．

徐康宁，冯春虎，2003．中国制造业地区性集中程度的实证研究[J]．东南大学学报（哲学社会科学版），5（1）：38-42．

徐锐钊，2009．比较优势、区位优势与我国油料作物区域专业化研究[D]．南京：南京农业大学．

徐瑞松，马跃良，何在成，2003．遥感生物地球化学[M]．广州：广东科技出版社．

徐勇，马国霞，沈洪泉，2005．北京丰台区土地利用变化及其经济驱动力分析[J]．地理研究，24（6）：860-868．

杨顺顺，栾胜基，2009．农村环境多主体仿真系统建构：农户模型在农村环境管理中的应用[J]．北京大学学报（自然科学版），（3）：100-106．

杨志武,钟甫宁,2010.农户种植业决策中的外部性研究[J].农业技术经济,(1):27-33.

尹成杰,2006.新阶段农业产业集群发展及其思考[J].农业经济问题,(3):4-8.

尤小文,1999.农户:一个概念的探讨[J].中国农业观察,(5):17-20.

张丽萍,张镱锂,阎建忠,等,2008.青藏高原东部山地农牧区生计与耕地利用模式[J].地理学报,63(4):377-385.

张林秀,1996.农户经济学基本理论概述[J].农业技术经济,(3):24-30.

张林秀,霍艾米,罗斯高,等,2000.经济波动中农户劳动力供给行为研究[J].农业经济问题,(5):7-15.

张落成,2000.我国粮食生产布局变化特点及其成因分析[J].长江流域资源与环境,9(2):221-228.

张毅,2003.发挥比较优势与国家粮食安全的统一[J].调研世界,(3):19-23.

赵英时,2003.遥感应用分析原理与方法[M].北京:科学出版社.

赵宇鸾,李秀彬,辛良杰,等,2012.华北平原"杨上粮下"现象的驱动机制——以河北省文安县为例[J].地理研究,31(2):323-333.

郑风田,顾莉萍,2006.准公共品服务、政府角色定位与中国农业产业簇群的成长——山东省金乡县大蒜个案分析[J].中国农村观察,(5):18-25.

中国农科院区划研究所,1995.中国种植业布局的理论与实践[M].北京:中国农业科技出版社.

中华人民共和国农业部,2009.新中国农业60年统计资料[M].北京:中国农业出版社.

钟甫宁,胡雪梅,2008.中国棉花生产区域格局及影响因素分析[J].农业技术经济,(1):4-9.

钟太洋,黄贤金,2007.农户层面土地利用变化研究综述[J].自然资源学报,22(3):341-352.

周一星,2006.关于中国城镇化速度的思考[J].城市规划,30(增刊):32-40.

周应恒,谢美婧,熊素兰,等,2010.江苏邳州大蒜主产地形成机制研究:农户规模化种植视角[J].农业经济问题,(9):37-41.

朱会义,李秀彬,何书金,等,2001.环渤海地区土地利用的时空变化分析[J].地理学报,56(3):253-260.

朱泽,1993."民工潮"问题的现状、成因和对策[J].中国农村经济,(12):33-36.

Alex de Sherbinina, Leah K Vanwey, Kendra Mcsweeneyc, et al, 2008. Rural household demographics, livelihoods and the environment[J]. Global Environmental Change, (18): 38-53.

Andrea E Izquierdo, Ricardo H Grau, 2009. Agriculture adjustment, land-use transition and protected areas in Northwestern Argentina[J]. Journal of Environmental Management,

(90):858-865.

Barnum H N, Squire L, 1980. A model of an agricultural household, Theory and evidence[J]. World Bank Staff Occasional Papers, International Bank for Reconstruction and Development, (27): xi-107.

Brauw De A, Huang J K, Rozelle S, 2004. The sequencing of reform policies in China's agricultural transition[J]. Economics of Transition, 12(3): 427-465.

Claudia Radel, Birgit Schmook, Rinku Roy Chowdhury, 2010. Agricultural livelihood transition in the southern Yucata 'n region: diverging paths and their accompanying land changes[J]. Regional Environment Change, (10): 205-218.

Daniel C Monchuk, Zhuo Chen, Yosef Bonaparte, 2010. Explaining production inefficiency in China's agriculture using data envelopment analysis and semi-parametric boot strapping [J]. China Economic Review, (21): 346-354.

Daniel C N, Adalberto Verissimo, Ane Alencar, et al, 1999. Large-scale impoverishment of Amazonian forests by logging and fire[J]. Nature, (8): 505-508.

David J Lewis, Bradfoed L Barham, Karl S Zimmerer, 2008. Spatial externalities in agriculture: Empirical analysis, statistical identification, and policy implications[J]. World Development, 36(10): 1813-1829.

Desmond A G, 1986. Concentration of enterprises and spatial change in the agriculture of the Republic of Ireland[J]. Transactions of the Institute of British Geographers, 12(2): 204-216.

Eduardo G F, Ayala B Orozco, Martha B Moheno, et al, 2007. Biodiversity conservation, traditional agriculture and ecotourism: Land cover/land use change projections for a natural protected[J]. Landscape and Urban Planning, (83): 137-153.

Edward Nissan, 2003. Relative market power versus concentration as measure of market dominance: property and liability insurance[J]. Journal of Insurance Issues, 26(2): 129-141.

Fan C C, Scott A J, 2003. Industrial agglomeration and development: A survey of spatial economic issues in East Asia and a statistical analysis of Chinese regions[J]. Economic Geography, 79(3): 295-319.

Huang J K, Wu Y H, Rozelle S, 2009. Moving off the farm and intensifying agricultural production in Shandong: a case study of rural labor market linkages in China[J]. Agricultural Economics, 40(2): 203-218.

Huffman Wallace E, Robert E Evenson, 2001. Structural and productivity change in US agriculture,1950—1982[J]. Agricultural Economics,(24):127-147.

Jacobson A,Milman A D,Kammen D M,2005. Letting the(energy) Gini out of the bottle: Lorenz curves of cumulative electricity consumption and Gini coefficients as metrics of energy distribution and equity[J]. Energy Policy,33(14):1825-1832.

Jonathan A F,Ruth DeFries,Gregory P Asner,et al,2005. Global consequences of land use [J]. Science,(309):570-574.

Krugman P, Venables A, 1990. Integration and the competitiveness of peripheral industry [M]. In:Christopher B,Jorge B,eds. Unity with Diversity in the European Economy:the Community's Southern Frontier. Cambridge:Cambridge University Press,56-97.

Lambin E F,Geist H J,2001a. Global land-use and cover change:What have we learned so far? Global Change Newsletter,(46):27-30.

Lambin E F, Turner B L, Geist H J, et al, 2001b. The causes of land-use and land-cover change:moving beyond the myths[J]. Global Environmental Change,(11):261-269.

Laura Greig,2009. An analysis of the key factors influencing farmer's choice of crop,Kibamba Ward,Tanzania[J]. Journal of Agricultural Economics,60(3):699-715.

Low A,1986. Agricultural development in Southern Africa:Farm-household economics and the food crisis[M]. London:James Currey Ltd.

Matson P A,Parton W J,Power A G,et al,1997. Agricultural intensification and ecosystem properties[J]. Science,277(5325):504-509.

Michelini C,Pickford M,1985. Estimating the herfindahl index from concentration ratio data [J]. Journal of the American Statistical Association,80(390):301-305.

Morgan W B,1977. Agriculture in the Third World:A Spatial Analysis[M]. London:G. Bell and Sons.

Muhammad Z,Chris G,2006. Farm level tree planting in Pakistan:the role of farmers' perceptions and attitudes[J]. Agroforestry Systems,(66) :217-229.

Oliver T C,Franque G,Graeme J B,2000. Tropical forests and shifting cultivation:Secondary forest fallow dynamics among traditional farmers of the Peruvian Amazon[J]. Ecological Economics,(32):109-124.

Philip M F,1996. Amazonian deforestation and global warming:Carbon stocks in vegetation replacing Brazil's Amazon forest[J]. Forest Ecology and Management,(80):21-23.

Pingali P L,1995. Crop-livestock systems for tomorrow's Asia:from integration to specialization. In International Workshop on Crop-animal Interaction,Khon Kaen(Thailand).

Pohl C, Van Genderen J L, 1998. Review article Multi-sensor image fusion in remote sensing: Concepts, methods and applications[J]. International Journal of Remote Sensing, 19(5), 823-854.

Qin Hua, 2010. Rural-to-urban labor migration, household livelihoods, and the rural environment in Chongqing Municipality, Southwest China[J]. Human Ecology, (38): 675-690.

Rachel D, Irene M D, 1992. Diversification, vertical integration, and industry analysis: New perspectives and measurement[J]. Strategic Management Journal, 13(7): 511-524.

Ricardo Mora, Carlos San Juan, 2004. Geographical specialisation in Spanish agriculture before and after integration in the European Union[J]. Regional Science and Urban Economics, (34): 309-320.

Rindfuss R R, Walsh S J, Turner II B L, et al, 2004. Developing a science of land change: challenges and methodological issues [J]. Proceedings of National Academy of Sciences, (101): 13976-13981.

Rounsevell M D A, Annetts J E, Audsley E, et al, 2003. Modeling the spatial distribution of agricultural land use at the regional scale[J]. Agriculture Ecosystems & Environment, 95(2-3): 465-479.

Rudkevich A, Duckworth M, Rosen R, 1998. Modeling electricity pricing in a deregulated generation industry: The potential for oligopoly pricing in a poolco[J]. Energy Journal, 19 (3): 19-48.

Salam M A, Noguchi T, Koike M, 2000. Understanding why farmers plant trees in the homestead agroforestry in Bangladesh[J]. Agroforestry Systems, (50) : 77-93.

Samuelson Paul A, 1983. Thünen at two hundred[J]. Journal of Economic Literature, 21(4): 1468-1488.

Shen Dongquan, 2010. Factors That Influence the Regional Agricultural Production Structure in China[D]. University of Maryland.

Steven Were Omamo, 1998. Transport costs and smallholder cropping coolces: An application to Siaya district, Kenya [J]. American Agricultural Economics Association. 80 (2): 116-123.

Takashi Kurosaki, 2003. Specialization and diversification in agriculture transformation: The case of West Punjab, 1903-92[J]. American Agricultural Economics Association, 85(2): 372-386.

Turner B L, Meyer W B, Skole D L, 1994. Global land use/land cover change: Towards an integrated program of study[J]. Ambio,23(1):91-95.

Turner II,Lambin E F,and Anette Reenberg,2007. The emergence of land change science for global environmental change and sustainability[J]. PANS,104(52):20666-20771.

Veldkamp A,Lambin E F,2001. Predicting land-use change[J]. Agriculture,Ecosystems and Environment,(85):1-6.

Wu W B,Yang P,Meng C Y,et al,2008. An integrated model to simulate sown area changes for major crops at a global scale[J]. Science in China Series D-Earth Sciences,51(3):370-379.

Zhang X,Yang J,2010. China Has Reached the Lewis Turning Point [R]. IFPRI Discussion Paper 000977.

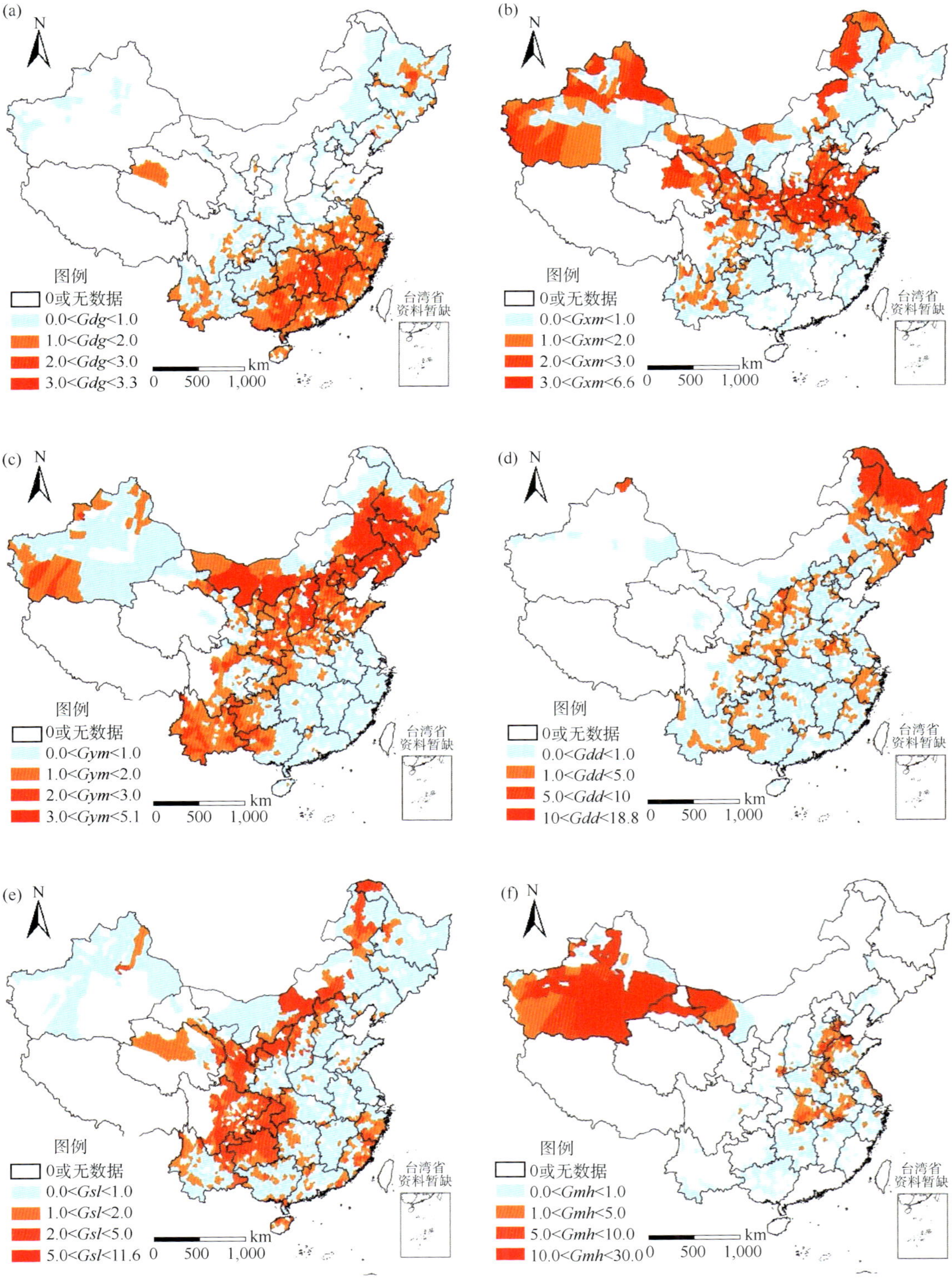

(a)
N
图例
0或无数据
0.0<Gdg<1.0
1.0<Gdg<2.0
2.0<Gdg<3.0
3.0<Gdg<3.3
km
0 500 1,000
台湾省
资料暂缺
(b)
N
图例
0或无数据
0.0<Gxm<1.0
1.0<Gxm<2.0
2.0<Gxm<3.0
3.0<Gxm<6.6
km
0 500 1,000
台湾省
资料暂缺
(c)
N
图例
0或无数据
0.0<Gym<1.0
1.0<Gym<2.0
2.0<Gym<3.0
3.0<Gym<5.1
km
0 500 1,000
台湾省
资料暂缺
(d)
N
图例
0或无数据
0.0<Gdd<1.0
1.0<Gdd<5.0
5.0<Gdd<10
10<Gdd<18.8
km
0 500 1,000
台湾省
资料暂缺
(e)
N
图例
0或无数据
0.0<Gsl<1.0
1.0<Gsl<2.0
2.0<Gsl<5.0
5.0<Gsl<11.6
km
0 500 1,000
台湾省
资料暂缺
(f)
N
图例
0或无数据
0.0<Gmh<1.0
1.0<Gmh<5.0
5.0<Gmh<10.0
10.0<Gmh<30.0
km
0 500 1,000
台湾省
资料暂缺

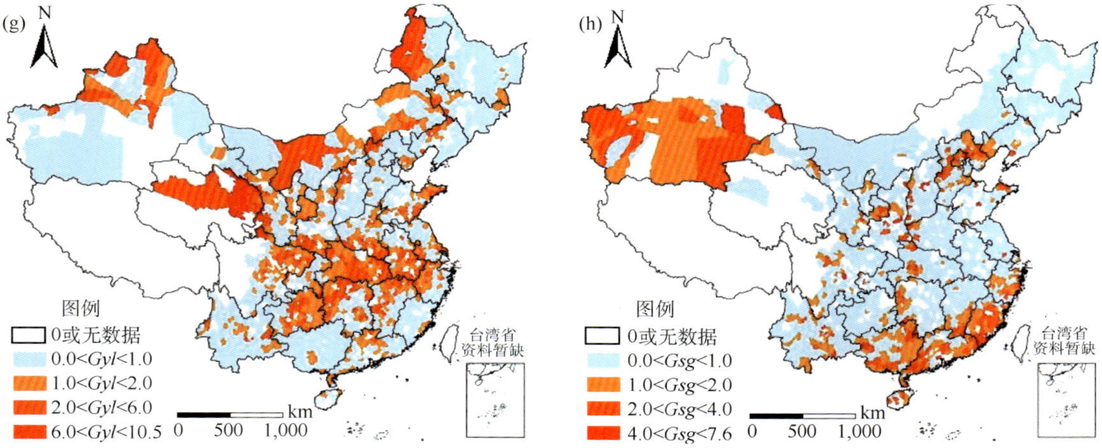

图 3-1 2008 年稻谷(a)、小麦(b)、玉米(c)、大豆(d)、薯类(e)、棉花(f)、油料(g)、水果(h)规模比较优势指数

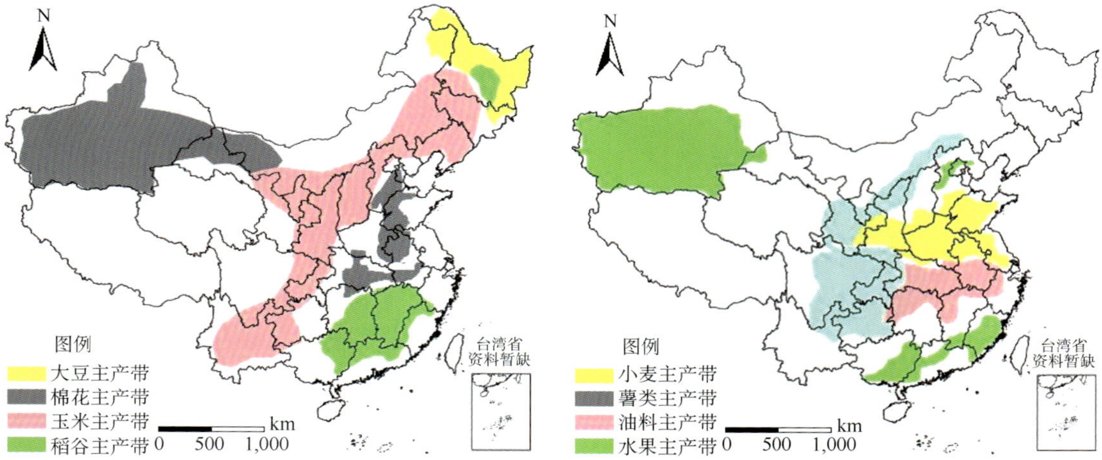

图 3-2 2008 年中国主要作物地区专业化分工图

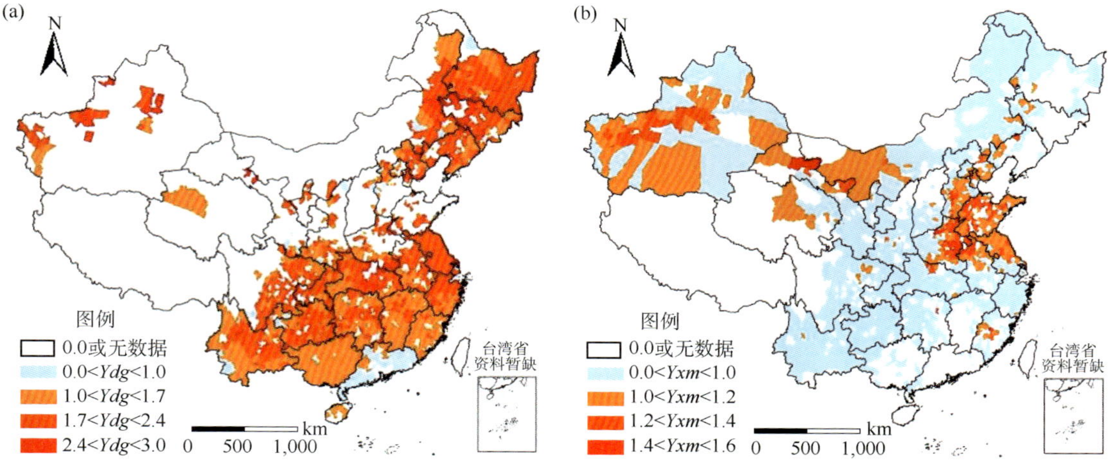

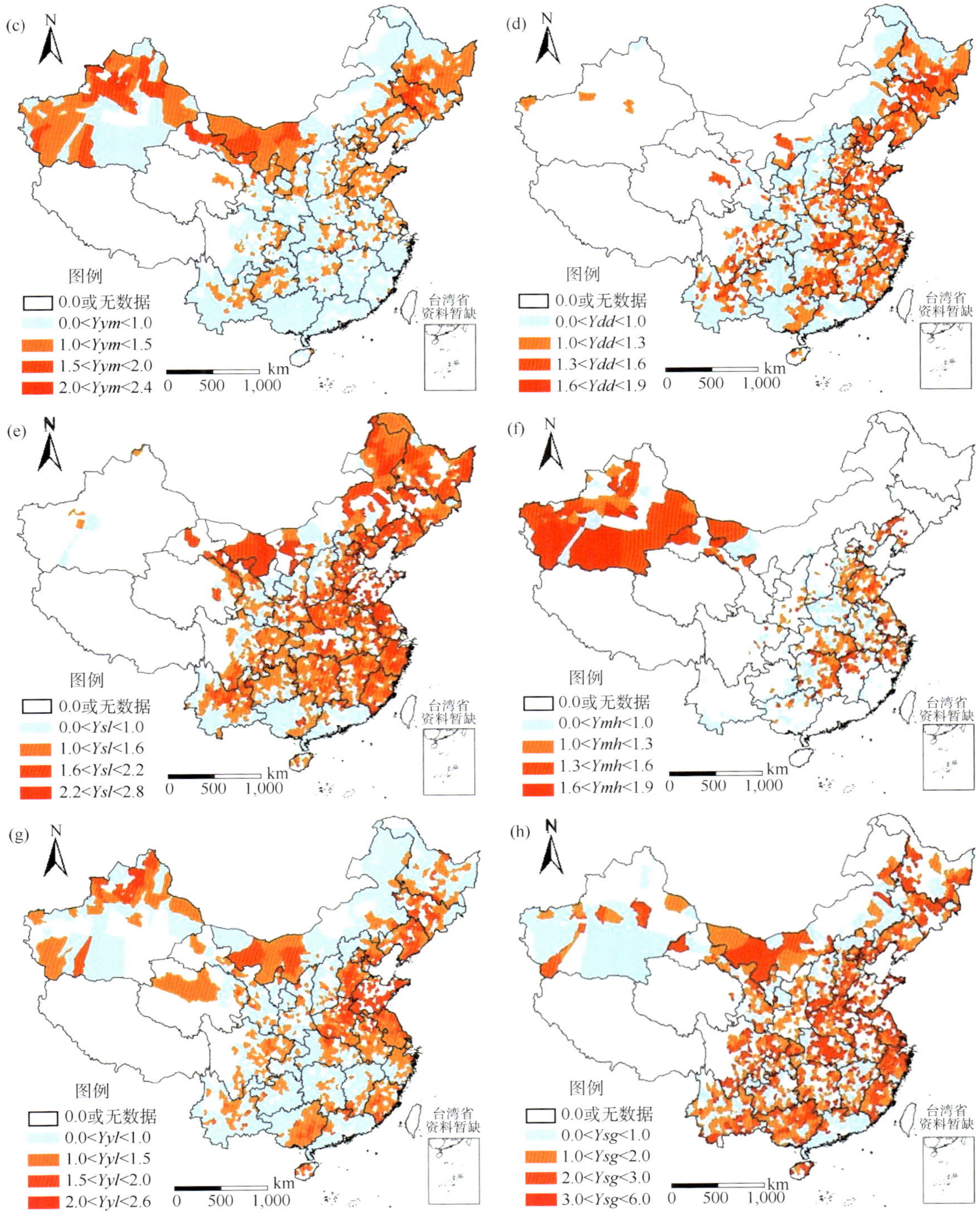

图 3-3　2008 年稻谷(a)、小麦(b)、玉米(c)、大豆(d)、薯类(e)、棉花(f)、油料(g)、水果(h)单产比较优势指数

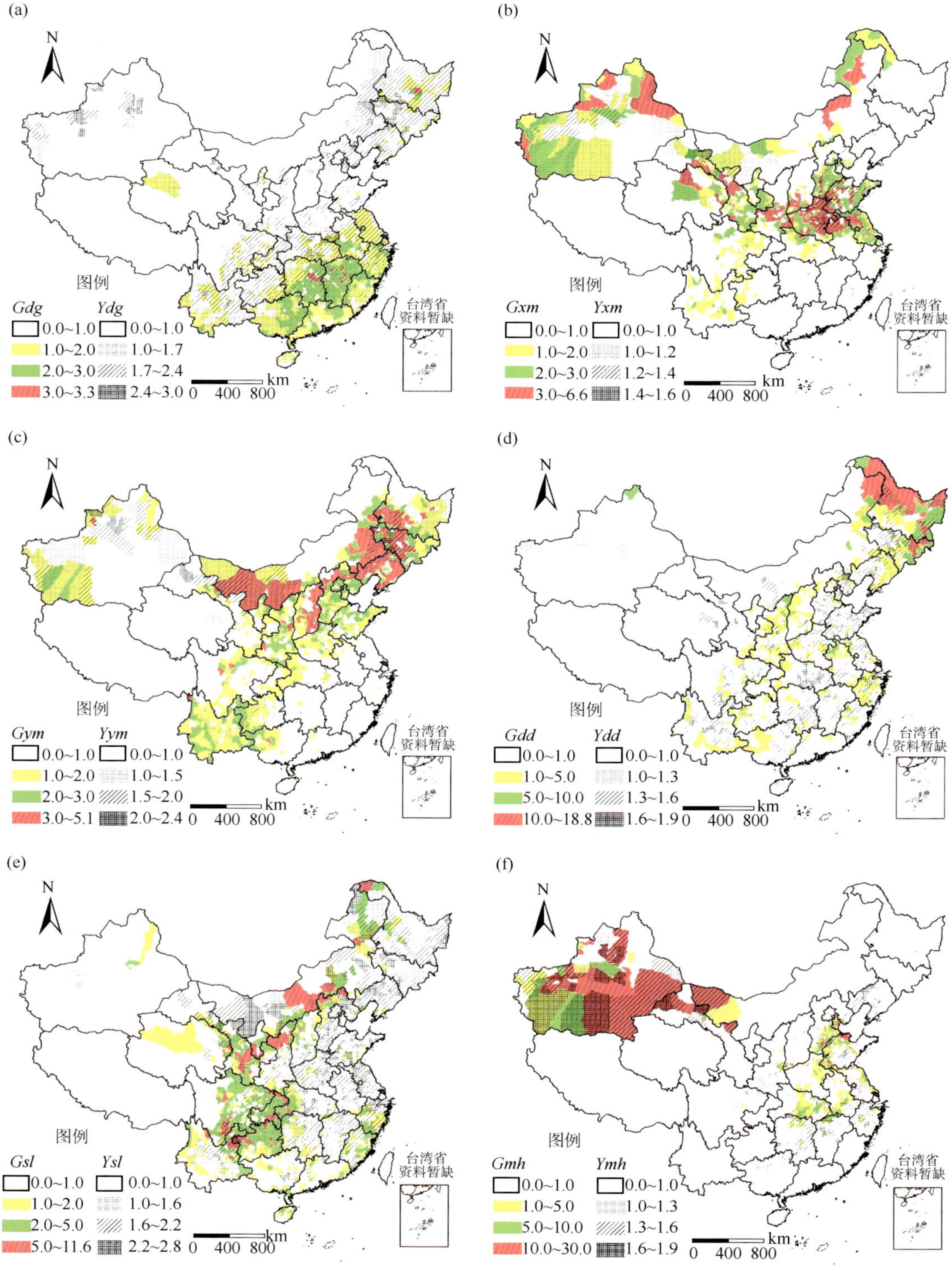
(a)
N
图例
Gdg
Ydg
0.0~1.0
1.0~2.0
2.0~3.0
3.0~3.3
0.0~1.0
1.0~1.7
1.7~2.4
2.4~3.0
km
0 400 800
台湾省
资料暂缺
(b)
N
图例
Gxm
Yxm
0.0~1.0
1.0~2.0
2.0~3.0
3.0~6.6
0.0~1.0
1.0~1.2
1.2~1.4
1.4~1.6
km
0 400 800
台湾省
资料暂缺
(c)
N
图例
Gym
Yym
0.0~1.0
1.0~2.0
2.0~3.0
3.0~5.1
0.0~1.0
1.0~1.5
1.5~2.0
2.0~2.4
km
0 400 800
台湾省
资料暂缺
(d)
N
图例
Gdd
Ydd
0.0~1.0
1.0~5.0
5.0~10.0
10.0~18.8
0.0~1.0
1.0~1.3
1.3~1.6
1.6~1.9
km
0 400 800
台湾省
资料暂缺
(e)
N
图例
Gsl
Ysl
0.0~1.0
1.0~2.0
2.0~5.0
5.0~11.6
0.0~1.0
1.0~1.6
1.6~2.2
2.2~2.8
km
0 400 800
台湾省
资料暂缺
(f)
N
图例
Gmh
Ymh
0.0~1.0
1.0~5.0
5.0~10.0
10.0~30.0
0.0~1.0
1.0~1.3
1.3~1.6
1.6~1.9
km
0 400 800
台湾省
资料暂缺

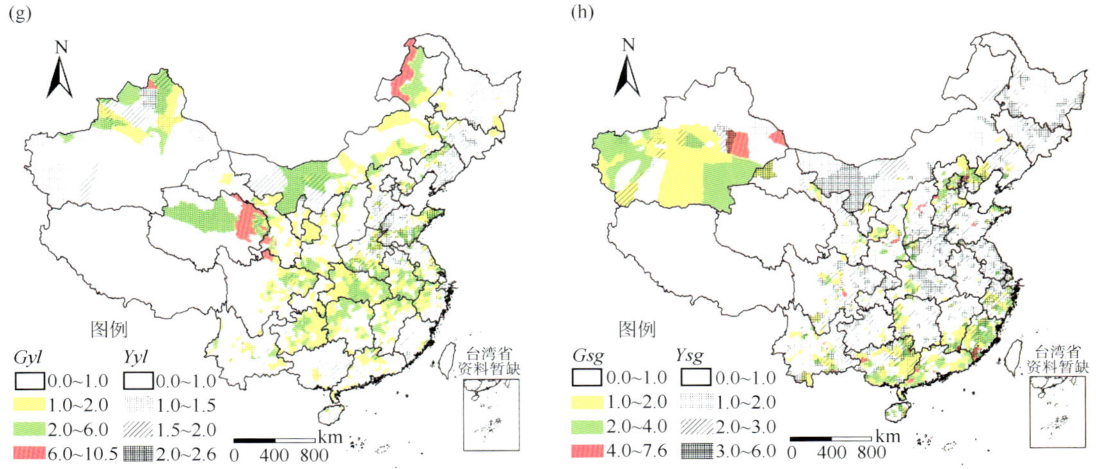

图 3-4　2008 年全国稻谷(a)、小麦(b)、玉米(c)、大豆(d)、薯类(e)、棉花(f)、油料(g)、水果(h)规模比较优势指数(Gsg)与单产比较优势指数(Ysg)

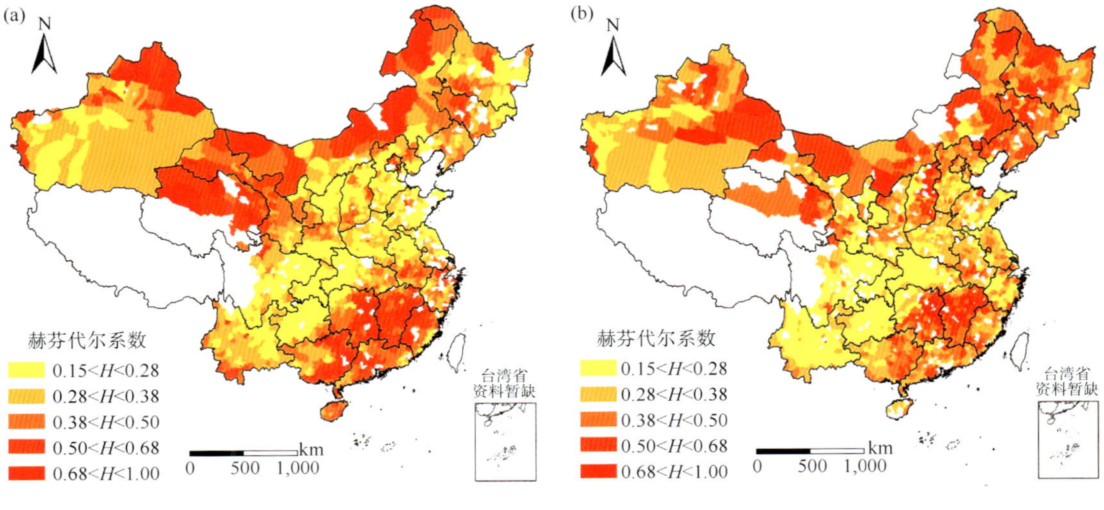

图 4-1　1990 年(a)、2008 年(b)全国县级层面种植业结构单一化程度

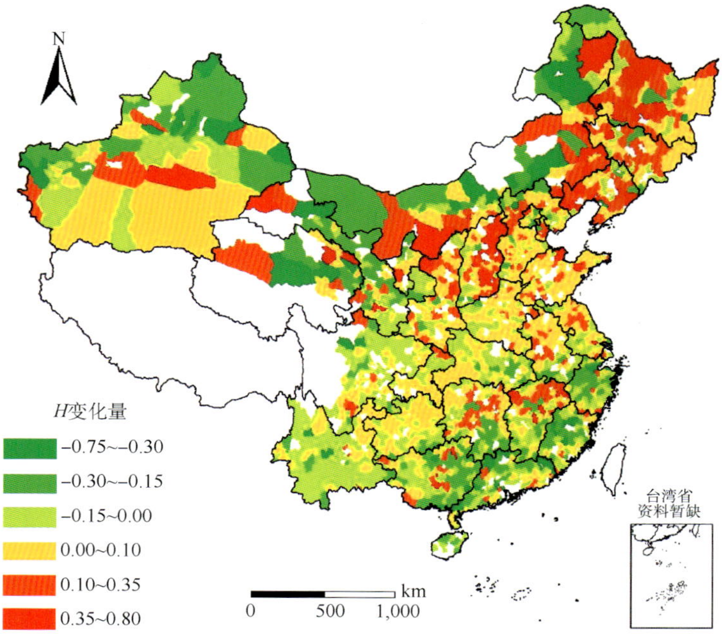

图 4-2　1990—2008 年全国县级层面种植业结构单一化演变图

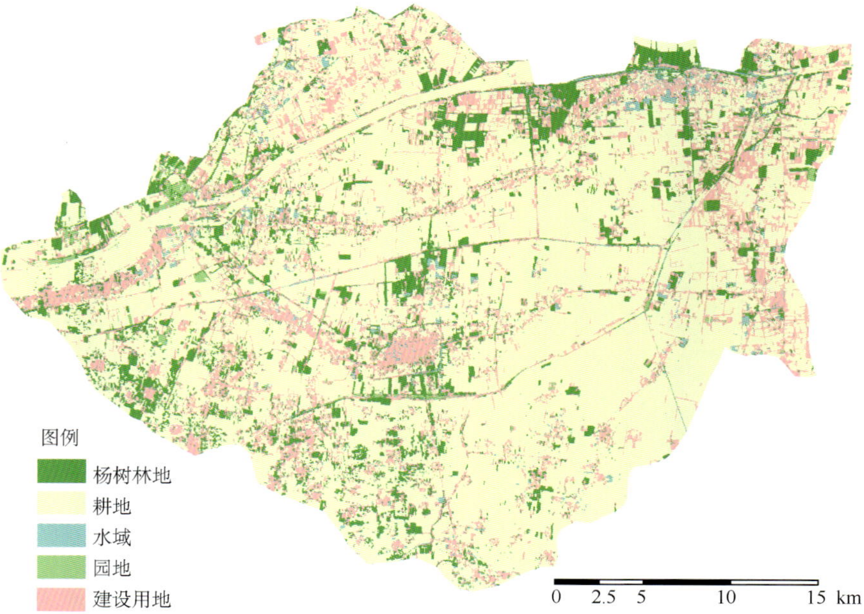

图 5-7　最大似然法提取各地类分布图